AF509163

SAINT-POL-ROUX

LES REPOSOIRS DE LA PROCESSION

I

La Rose
et les épines
du chemin

1885-1900

PARIS

SOCIÉTÉ DV MERCVRE DE FRANCE

XV, RVE DE L'ÉCHAVDÉ-SAINT-GERMAIN, XV

MCMI

LA ROSE ET LES ÉPINES DU CHEMIN

SAINT-POL-ROUX

LES REPOSOIRS DE LA PROCESSION

I

La Rose

et les épines

du chemin

1885-190

PARIS

SOCIÉTÉ DV MERCVRE DE FRANCE

XV, RVE DE L'ÉCHAVDÉ-SAINT-GERMAIN, XV

MCMI

A EDMOND PICARD

Celui qui n'a égard, en écrivant,
qu'au goût de son siècle, songe
plus à sa personne qu'à ses
écrits : il faut toujours tendre
à la perfection, et alors cette
justice qui nous est quelquefois refusée par nos contemporains, la postérité sait nous
la rendre.

Les Caractères : La Bruyère.

Γνωθι σεαυτον
    Inscription du Temple de
    Delphes.

Le Beau, c'est la splendeur du
    Vrai.
                    PLATON.

Le Beau, c'est l'Idée du Vrai.
                    PLOTIN.

Il y a des déesses augustes qui
    règnent dans la solitude ; autour
    d'elles, point de lieu, encore
    moins de temps ; le trouble
    vous saisit quand on parle
    d'elles : ce sont les Mères !

        Second Faust : GŒTHE.

AVERTISSEMENT

Il m'importait d'ordonner ces « reposoirs de la procession » — thèmes philosophiques, symboles d'âme, notations de saisons, peintures d'heures, magies de phénomènes — saisis au cours de ma jeunesse et publiés, pour la plupart, çà et là, de 1885 à 1900.

Ce sera trois livres :

LA ROSE ET LES ÉPINES DU CHEMIN

DE LA COLOMBE AU CORBEAU PAR LE PAON

LES FÉERIES INTÉRIEURES

Si le terme n'en devait paraître excessif à propos de l'âme de prisme qui s'y commente parmi la mer, la forêt, la montagne et la ville, j'écrirais qu'une unité, pour ainsi dire chromatisée, présida à ces groupements et plus particulièrement aux deux premiers, à telles enseignes qu'ils pourraient prétendre au titre de roman.

J'estime d'ailleurs que l'unité implique d'essentielles motions intérieures au même sens que des masses de vie font (tels des chiffres, d'une somme) partie intégrante d'une goutte d'eau, et je crois aux symphonies latentes.

Ses facettes arc-en-célestes n'infirment point l'autonomie d'Arlequin, de la première à la douzième station du tragique chemin Jésus n'abandonne rien de son authenticité.

Au cas où tout de même le terme d'unité semblerait impropre en regard d'une âme aux « états » divers, je lui substituerais volontiers celui d'hégémonie.

On a lu, au liminaire des Reposoirs de la procession, que le poète figurait l'entière humanité dans un seul homme ; cette sentence admise, s'étonnera-t-on d'une multiplicité de vies en un tel champion, vivant suprême, car aux éléments d'humanité sont encore susceptibles de s'adjoindre en lui les éléments de nature ? L'univers m'apparaît comme la grandiose expansion d'un être. L'être par excellence, le poète, contient l'univers en puissance. Quand le poète s'adonne à l'œuvre, cela signifie que l'univers ferme son vaste éventail, se replie sur soi, se réduit à sa plus simple expression, en un mot s'élixirise ou, plus simplement, s'individualise, c'est-à-dire s'incarne dans le poète élu pour héraut, afin de davantage « se mettre à la portée » des âmes et de communiquer plus directement avec l'éparse attention.

Si minime, je fus peut-être, à des moments, le protagoniste du grand Pan.

S.-P.-R.

N. — Le présent livre fut précédemment annoncé comme ceci : le Chemin de ma vie.

Le long de ce recueil on rencontrera six pièces
de l'édition initiale des Reposoirs de la procession ; soit : *Lever de soleil, La religion du tournesol, Le mystère du vent, Le silence, Le calvaire
immémorial, Les sabliers.*

ALOUETTES

Les coups de ciseaux gravissent l'air.

Déjà le crêpe de mystère que jetèrent les fantômes du vêpre sur la chair fraîche de la vie, déjà le crêpe de ténèbre est entamé sur la campagne et sur la ville.

Les coups de ciseaux gravissent l'air.

Ouïs-tu pas la cloche tendre du bon Dieu courtiser de son tisonnier de bruit les yeux. ces belles-de-jour, les yeux blottis dessous les cendres de la nuit?

Les coups de ciseaux gravissent l'air.

Surgis donc du somme où comme morts nous sommes, ô Mienne, et pavoise ta fenêtre avec les lis, la pêche et les framboises de ton être.

Les coups de ciseaux gravissent l'air.

Viens-t'en sur la colline où les moulins nolisent leurs ailes de lin, viens-t'en sur la colline de laquelle on voit jaillir des houilles éternelles le diamant divin de la vaste alliance du ciel.

Les coups de ciseaux gravissent l'air.

Du faîte emparfumé de thym, lavande, romarin, nous assisterons, moi la caresse, toi la fleur, à la claire et sombre fête des heures sur l'horloge où loge le destin, et nous regarderons là-bas passer le sourire du monde avec son ombre longue de douleur.

Les coups de ciseaux gravissent l'air.

LA DIANE

A Léon Daudet.

Les premiers chants de coq, ce sont les grincements de la serrure et des gonds des logis qui d'eux-mêmes, la nuit achevée, s'ouvrent pour le départ des songes.

De ma fenêtre sur le carrefour des trois chemins, parfois, avant l'aube, j'assiste au défilé des fabuleuses théories qui s'épanouirent sous le chaume, et leur essence variée m'initie au magasin de féeries que devient, le sommeil durant, le crâne des villageois du voisinage : claires cavalcades et chevauchées sombres, tragédies et pochades, contes bleus et cauchemars.

— « Cocorico ! »

Voici passer des reines et des rois pareils à ceux des cartes à jouer, des anges vidant leurs joues de neige en des trompettes de soleil, des saints dorés sur tranche, des seigneurs en soie d'arc-en-ciel, des damoiselles de harpe sur des coursiers de mandoline, un paillasse de cirque, le petit Poucet, des moissons et des troupeaux de Terres promises, des galas de bonbons et de pâtisseries, des avalanches de papillons et d'abeilles, des cygnes, des faisans, des paons, des aigles, des aurores et des couchers de soleil ; voilà passer aussi des coups de poignards, des éclairs et des tonnerres, des bandes de voleurs, des batailles, des naufrages, des flammes de l'enfer, des dents de loup, des serres d'épervier, des cous de girafe, des trompes d'éléphant, des gueules de lion, des vautours et des tigres, des serpents et des caïmans, des requins et des baleines, des croquemitaines et des léviathans.

Tel ou tel songe, on peut en deviner la tête hospitalière.

Ces flammes de l'enfer, parmi lesquelles un diable vert brandit sa fourche, proviennent, à n'en pas douter, du taudis de ce terrassier qui bat sa femme et ses petits.

Cette baleine sort de dessous les cheveux blonds de ce marmot qui demain sera mousse, et ce naufrage de dessous les cheveux blancs de sa tremblante mère-grand.

Du seuil de la mendiante Catherine ruisselle un convoi de chariots pesants de sacs d'écus et de pierres précieuses.

Du cœur pensant des jeunes filles s'évaporent des jolis garçons frisés comme sur l'image où le prince de velours se fiance avec la bergère de bure.

De l'école des Sœurs s'acheminent les

douze stations d'un chemin de la croix, des vitrines de médailles, des étalages de madones.

Du front de l'instituteur voyez s'ensauver cette distribution de prix et ce discours à M. le Ministre en tournée.

Du presbytère c'est l'essaim de belles filles nues des « Tentations de saint Antoine » qui s'envole, marries de leur échec auprès du vieux curé, qui bientôt va se métamorphoser en scarabée pour la petite messe du matin.

De chez la dévote part le trousseau radieux des Clefs du Paradis.

Une barque clandestine dévale de la guérite où s'oubliait à ronronner le douanier de garde sur la cale, barque dans laquelle rame, en redingote très moderne, couronne au chef, un prétendant au trône de France.

Cette prise de Malakoff jaillit de la demeure du garde champêtre.

D'où débagoulent ces barriques de vin et

ces dames-jeannes d'alcool? Eh pardi! de la crèche où le vieil ivrogne cuve son salaire!

— « Cocorico ! »

Défilent encore, pêle-mêle d'un carnaval unique, des orgies de fleurs, un pensionnat de poupées, des nids d'oiseaux, des singes, des négrillons, des pyramides de blé, des collines de beurre, des trésors découverts, une grosse caisse et des tambours, des premières communions, des tirages au sort, une troupe de saltimbanques, une douzaine d'oncles d'Amérique, plusieurs châteaux en Espagne, des grottes merveilleuses, un sabbat de squelettes, des escouades de phallus, un navire attaqué par des corsaires, des pages d'histoire, une danse d'anthropophages, des pêches miraculeuses, des mers de glace, des colères de Vésuve, une collision de locomotives, des voyages aériens et sous-marins, un paradis terrestre, un déluge universel,

2*

le Juif errant, deux fins-du-monde et trois
jugements derniers.

— « Cocorico ! »

Toute cette folle foire bariolée de la Chimère se hâte en tableaux de lanterne magique sur le linge étendu par l'aube et
peu à peu se fond sous l'altière étoile du
matin.

Dès lors les tons de la palette fantastique
du sommeil retournent s'éparpiller à travers
la Nature, qui de rechef les absorbe et se les
approprie. « Rien ne se perd, rien ne se crée. »
La nuit, les couleurs de la vie s'effacent aux
fins de s'utiliser aux abstractions du rêve ; le
jour arrivé, elles reprennent leur office dans
l'ordre des réalités, et le rouge de ces flammes
infernales se restitue aux coquelicots, de même
que les soies changeantes de cette cour impé-
riale se travestissent en un pan de l'aurore
qui jaillit, l'orgie de la métaphysique se

réglementant dans les cadres et les classifications de la physique.

La cloche du réveil *angélise* l'espace.

Le village s'étire, bâille, surgit, s'habille et tend la main, qui vers l'aiguille, qui vers le fuseau, qui vers le battoir, qui vers la houlette, qui vers la férule, qui vers le calice, qui vers la bouteille, qui vers le pis de vache, qui vers la corde du puits, qui vers la pioche, qui vers la charrue, qui vers l'aviron, qui vers le gouvernail, qui vers l'aumône, qui vers le bâton de pèlerin, qui vers l'ombre suprême.

Alors, du soleil plein le carrefour, je descends m'asseoir sur la borne où ne put s'asseoir le Juif errant, et je cueille un bleuet qui fut peut-être l'œil joli de la blonde princesse à la robe de perles qui passa tout à l'heure en une apothéose de sourires.

LEVER DE SOLEIL

A Eugène Pierre.

La Joue splendide émerge des mousselines d'aubépine.

— O charitable épanoui, manifesté par uniment ceci de rose, te serai-je, au cours de la ronde quotidienne, te serai-je par mon faire indigne ou par mon faire sage, te serai-je une caresse ou te serai-je le soufflet, soleil, et t'attarderas-tu devant mon signe ami de Josué charmant ou bien, Judas farouche, acculerai-je ta pudeur derrière les immenses nénuphars du ciel jusqu'à l'heure de saigner sur les coquilles exileuses de la mer?

La Joue splendide émerge des mousselines d'aubépine.

LE CHEMIN DE MA VIE

A Mlle Lucienne Kahn.

Enivrés par la haute et vaste coupe de ciel
où d'habitude ils se délectent, mes regards
s'abattirent sur la route qu'instinctivement
roulaient mes pas de rêveur : chemin singu-
lier, en quelque sorte tanné comme le dessus
d'un vieil âne; de même que la marque des
coups sur un dos de somme s'y creusait peu
ou prou la trace lourde ou légère des pieds
nus.

Cela paraissait vivre, — pour mes yeux du
moins, qui sont des yeux selon Jésus, des
yeux sachant voir.

Cet aller, ce retour, que de pèlerins les avaient dû cultiver!

Des sages, des larrons; assurément toute l'humaine procession avec ses laideurs, ses beautés, ses faiblesses, ses forces, ses leurres ses espoirs...

Pour les caresser l'une et l'autre de la main, volontiers j'aurais couru vers la crinière et vers la croupe de cette longue route visiblement lasse des lassitudes motivées par elle, n'eût été la présumable obligation de courir vers les deux pôles; je préférai m'asseoir sur une borne et laisser le chemin se dérouler dans mon miroir intérieur comme si je l'effectivement parcourais.

Etrange voie parmi laquelle des tas de cailloux et des flaques d'eau symbolisaient les sueurs et les plaies, tandis que les échos prolongés en les grandes oreilles de pierre latérales et que les baisers restés aux emblèmes des bords suggéraient les voyageurs broutés par les horizons anciens.

Moyennant le dessin circonscrit des orteils
aux talons, j'évoquai les diverses catégories
de passants.

Par saisons, d'abord :

        des enfants,
        des jeunes gens,
        des hommes,
        des vieillards.

Et si les pieds, ces supports des qualités
ou des défauts intimes qu'il nous faudra
soumettre aux plateaux de la balance dernière, divulguent les successives époques de
l'être, on parvient en outre à définir de déli-
cate façon, grâce à la gamme de leurs em-
preintes, la douleur ou la joie des passants,
l'humanité logeant en soi la cause de son
charme ou de sa rancœur : subtilités susceptibles d'un poids, celui de joie ayant des ailes,
mais des boulets et des chaînes celui de douleur.

Considérations faites à travers cette multiple histoire tracée, semblait-il, par des mains
inférieures, je trouvai :

des bons,

des méchants,

des heureux,

des misérables.

Après examen que le pas des enfants avait été pressuré par le pas des jeunes gens, le pas des jeunes gens par le pas des hommes, le pas des hommes par le pas des vieillards, j'inférai que les théories avaient défilé par rang d'âge longuement, au début les enfants, les vieillards à la fin.

Rétrospective, ma curiosité s'inclina sur les individualités nombreuses subies par le vieux chemin.

J'eus la vision d'un considérable cortège d'âmes hétérogènes.

Et, de cette légion, à peine ces traces à la merci du vent !

Les yeux dans les paumes, fauvettes prisonnières, je méditais, lorsqu'un Christ, en marge de la massive page et sur l'écriteau duquel on lisait : « Vous passez, je demeure », proféra :

— « Un seul être a passé par là. »

— « Un seul ! clamai-je avec un sursaut d'incrédulité. »

— « Un seul, mon fils. »

— « Daignez, Seigneur, me nommer cet « être aussi extraordinaire que l'arc-en-ciel « et l'océan. »

— « Toi-même. »

— « Moi tous ces pèlerins ? »

— « Ce chemin est celui de ta vie. »

— « Le chemin de ma vie ! »

Me précipitant sur le sol, je baisai mes pas puérils (ô, loin de l'école aux platanes, ces folies après les lézards et les cigales !), baisai mes pas d'adolescent (ô, vers la tour, des yeux en fleur !), baisai mes pas d'homme (ô le soldat partant pour la tuerie ! et, l'âme sur des béquilles, mes retours des villes, ces cavernes de voleurs !)...

Néanmoins, devant les derniers pas, j'objectai :

— « Ces pas ne sauraient m'appartenir, Seigneur, puisque d'un vieillard. »

Alors le Crucifié :

— « Datant de Dieu, n'est-ce pas un vieillard que le poète? Dans tes cheveux jeunes encore s'abrite l'âge de l'univers, ainsi qu'une colombe en des herbes blondies par le soleil. D'ailleurs, on est un vieillard sitôt que, conscience prise de soi, on peut délibérer des êtres et des choses. Savoir, synonyme de vieillir. Lente chez le profane, l'expérience se hâte chez le poète ; il s'agit de cette expérience que le profane n'acquiert qu'à force d'ans, mais que la divination, cette avant-garde de l'âge, offre copieusement au poète dès son aurore même. De la science jointe à de la science équivaut à de la vieillesse jointe à de la vieillesse ; or, étant l'homme qui sait par excellence, le poète devient un prompt patriarche et bientôt l'aile de son intelligence n'a d'égale en blancheur que la barbe altière du Créateur. »

Jusques à la nuit je savourai la judicieuse musique de ces paroles, — cependant que, devant la houlette de mes regards attendris, passaient et repassaient les troupeaux de souvenirs.

Chemin de ma vie, quand te parcourrai-je sans que s'imprime un pas de moi, mes pieds étant cette fois entre quatre planches portées par quatre épaules ?

DEVANT DU LINGE ÉTENDU PAR MA MÈRE, AU VILLAGE

A Victor Groulhard.

Linge étendu par les bras roses de maman !

Primitive épreuve de la cuve aux cendres
de sarment...
Œufs à la neige du savon...
Franches gifles du battoir...
Décisives caresses du puits...
Très pure corde allant de l'azerolier à ce
trophée d'oreilles d'éléphant que semble le
figuier...

Puis les épingles tutélaires...
Enfin, sur toutes ces candeurs flottantes,
les lingots subtils du soleil vierge...

Linge étendu par ses bras roses !

Hosties...
Lins d'aube...
Nénuphars de brise...
Pages de pâquerettes...
Pans de lune...
Parchemins aux vignettes d'insectes...

Linge étendu par ses bras roses !

Ingénue senteur de la lessive...
Cela monte ouvrir le colombier des souvenirs...
Et l'on perçoit des gestes blancs de reve-
nants dans les mirages du jadis...
Et l'on savoure le bon lait des bercails
révolus...

Linge étendu par ses bras roses !

Car c'est l'exposition des œuvres simples
des Mamelles de ma maison...
Etats d'âme de mes aïeules entre le laurier,
rose et l'olivier !...
Fil, émanais-tu de la quenouille ou des
bandeaux sortis des capelines ?...
Serviriez-vous de trousseaux à la postérité,
vénérables cheveux d'antan ?...

Linge étendu par ses bras roses !

O ces doigts de grand'mères sur ces ba-
lèvres de grand'mères !...
Salive laborieuse, est-ce toi qui dégoulines
de ces toiles sur les verveines et sur les pas-
tèques ?...
Braves fées qui filiez en songeant sous la
treille l'été, l'hiver devant le feu de ceps,
vos rêveries sont-elles pas restées entre les
mailles ?...

Linge étendu par ses bras roses !

O langes...
O tabliers...
O rideaux...
O nappes des festins de famille où le plus
vieux dit la prière...
O draps mis aux croisées lorsque passe la
Vierge...
O suaires...

Linge étendu par les bras roses de ma
mère !

LE MONSTRE ET LE LUTIN

A Jules Hurel.

Ce soir, la crête de présomption au front,
je quitte mon village de Provence avec pour
but ce creuset des vastes destinées, Paris !

— « En voiture ! »

Dernières caresses, éternuements et toux
des portières qu'on ferme, roulade de sifflet,
son de cloche, barrits de frein, aboiements
de plaques tournantes, jeu de prunelles des
disques, signaux de barrière, — et notre ma-
chine s'époumone dans la catastrophe ré-
glée de la vapeur, imposant à sa caravane de
wagons la trajectoire d'un obus gigantesque.

Les gens de mon compartiment, en quête d'installation, se démènent à la façon d'une poignée de cristaux dans un kaléidoscope : du dehors nous devons former une succession de tableaux bizarres ; pour l'œil du pâtre qui regagne son logis, nous figurons peut-être, sous la gigue de la lampe et de par nos mouvements, soit un château de légende, soit une scène de derviches tourneurs, soit un pugilat de fantômes...

Insensiblement l'effarement brouillé des voyageurs se transpose en quiétude, car il est une habitude du tohu-bohu comme de la douleur.

Les valises casées, les sièges occupés, on se compte enfin, tacitement : un vieillard, quatre messieurs, un ecclésiastique, une dame élégante d'âge mûr au visage de porcelaine craquelée, l'adolescent que je suis. Les premiers regards se croisant en aiguilles tricotent dare dare comme un invisible pavillon d'alliance pour la durée du voyage.

Passé la banlieue de Marseille, une phrase
à propos d'une orange à partager invite
d'autres phrases ; or, mes voisins connaissant
tous Paris déjà, c'est inopinément une sorte
de piédestal de mots sur lequel trône, motif
unique, l'universelle cité, mais, tant les mots
sont aigus, un piédestal d'épines auquel
d'ameutés cris de haine voudraient bien
mettre le feu ; oui, tous, hormis la dame, tous
daubent sur Paris dans un déchaînement
subit, — et la fleur de ma naïveté s'ouvre,
telle une grande oreille étonnée.

On sait vite mon cas de jeune homme en
première partance.

Aussitôt m'assaillent des blâmes et des
quolibets.

Mon vis-à-vis, aux allures de négociant,
glapit :

— « Pauvre petit ! »

L'ecclésiastique opine :

— « Vous eussiez mieux fait de rester
auprès de madame votre mère ! »

Seule, l'automnale dame au maquillage printanier enjolive son coin d'un sourire, silencieuse.

Et les autres de s'acharner de plus en plus sur la ville maudite que, pour une traduction saisissable, ils symbolisent sous les espèces d'un monstre, et j'assiste pour ainsi dire à la création graduelle d'une horrible bête dont voici les griffes, puis les pattes, puis les crocs, puis la gueule, puis le ventre, puis la queue au triple dard.

— « Ah ! si tu savais, jeune homme, comme tu descendrais à la station prochaine ! »

Finalement, dans l'hallucination générale, l'épouvantail est là, tarasque matérialisée, comblant le compartiment d'un vasistas à l'autre, crachant du venin, soufflant des flammes.

Lui montrant le poing, les hommes hurlent à travers l'écume :

— « Il m'a souillé ! »

— « Il m'a déshonoré ! »

— « Il m'a vidé le cerveau ! »

— « Il m'a ruiné ! »

— « Il a tué tous mes garçons ! »

— « Il a dévoré toutes mes filles ! »

Puis en chœur :

— « Malheur à toi, Babylone moderne, malheur à toi, malheur ! »

Je halette, les prunelles plus grosses que des noix.

— « Et vous, Madame ? » demandé-je à l'unique voyageuse.

Flattant de la main la queue du monstre, elle répond d'une voix de miel :

— « Oh ! moi, vous savez, il m'a fait cent mille francs de rentes ! »

A ces mots inattendus mon rire éclate, si vif que, parti en flèche, il va crever la fantastique baudruche, et je n'aperçois plus que des gens affalés sur les coussins, désireux de sommeil, ramenant à mi-corps leurs couvertures de voyage, lesquelles, tigrées ou bariolées, me paraissent taillées dans la peau du monstre évanoui.

Avant de clore les yeux, le vieillard :

— « Qu'allez-vous faire à Paris, jeune homme ? »

— « Placer des diamants. »

— « En avez-vous sur vous ? » précipite la dame.

— « Non et oui, Madame, ils sont là... dans ma tête. »

L'assemblée de se tordre alors, et les ventres de secouer les couvertures d'ironiques vagues.

— « Quelque *innocent* de Provence ! » doit penser chacun.

La dame et les messieurs, tous s'endorment ; je veille.

Le monstre et les anathèmes retournent me hanter, je hausse les épaules derrière mon épais rempart d'absolue certitude et, comme par une meurtrière, je lance à chaque dormeur un lazzi.

— « Moi, du moins, je ne serai pas vaincu ! » ai-je envie de proclamer.

M'emmitouflant, je m'apprête à ronronner des rêves d'avenir.

Or, voici que, à la lueur filtrée par le rideau de la lampe, tout à coup s'accomplit un mystère.

Un mystère !

Tandis que, de tous mes voisins endormis, sinon la toupie d'Allemagne de leurs narines et le mignon clavier de la toujours sourieuse, plus rien ne semble vivre, un être d'une intensité de vie décuplée par le contraste des paralysies d'à-côté, un être s'est extériorisé de ma personne, en vérité je vous le dis, un être qui, harmonieux, vient, en des grâces menues de figurine, s'épanouir là précisément où se gonflait le monstre naguère.

— « Ma somme d'énergies a fermenté si vivacement depuis l'heure solennelle et décisive du départ que j'ai fini par germer et m'évader de toi vers le domaine des formes

3*

(m'exprime la chère apparition); je suis ta croyance en ta destinée, c'est-à-dire en toi, on me nomme ta Foi! »

Cela proféré, le lutin, avec des airs de conquérant, saute sur les genoux des dormeurs, escalade les bras, les épaules, à l'un il tire l'oreille, à l'autre la barbiche, à celui-ci le nez, à celui-là les cheveux, au vieillard il fixe les lunettes près de choir, enfin il grimpe tambouriner sur la tonsure fraîche de l'abbé, ce pendant que j'entends l'espiègle au timbre d'insecte les traiter l'un et l'autre de sot et de lâche.

A présent il gambade sur les seins de la dormeuse au sourire affiché, dont il suppute les quenottes, observant, l'indiscret, que la plupart d'entre elles ont des assises d'or.

N'était le geste bref de chasser une mouche déclenché par un dormeur, rien n'a trahi la présence occulte.

Sa gymnastique achevée, le lutin se hâte vers mes bras en tout bébé rose de force, et

se dispose à me critiquer les dormeurs : il
analyse leur lâcheté, énumère les raisons
multiples de leur échec, me désigne les nerfs
mous de leur désir et les feuilles mortes de
leur volonté.

S'ensuit un véritable cours de philosophie
pratique agrémenté d'un feu d'artifice de
noms fameux.

— « Agis comme ces héros, non comme
ces hommes », conclut-il en soulignant ceux-
ci d'un geste de mépris.

Ma surprise est considérable de l'ouïr encore :

— « Tout de même méfie-toi du monstre ! »

— « Peuh ! je l'ai crevé d'un jet de
rire. »

— « Eh, poète, pardon, ses avatars sont
innombrables ! »

Et son œil de poupée cligne malignement
vers la dame aux gencives de pactole.

Le subtil va me divulguer moult secrets
encore, lorsqu'un éternuement de l'ecclé-

siastique le fait rentrer en moi-même soudainement.

Jusques à Paris j'écoute la *voix intérieure.*

O, entre tant d'autres, cette phrase :
— « Je suis en toi un atome de Dieu. Par-
dessus tout ne m'égare point si tu veux
triompher. Par moi tu édifieras une œuvre de
vie et serviras l'humanité. Garde, ah! garde
farouchement ta Foi! »

Mais à la longue il me semble que, lumi-
neuses dans la demi-ténèbre, les quenottes
de l'énigmatique dormeuse cherchent à gri-
gnoter ma provision d'espérance.

AIGUILLES DE CADRAN

A Gustave Charpentier.

Index et pouce dont le bras invisible pousse
sur une épaule de l'Eternel, que signifie ce
geste essentiel?

Que, ta demande aux plumes d'or, il a suffi
qu'elle s'élance hors du vase où fermentent
tes phrases pour dès lors avoir les plumes
blanches ; car l'heure qui se lève est déjà dans
le rêve.

Index et pouce dont le bras invisible pousse
sur une épaule de l'Eternel, que signifie ce
geste cruel?

Que lourde la douleur dont ton âme est la
proie ! que légère la joie dont ton cœur est
la fleur ! Pourtant, tu dois passer le temps de
cette abeille à cette louve jusqu'à ce que vide
soit ta vie comme une outre pressée longtemps
par le soleil.

Index et pouce dont le bras invisible pousse
sur une épaule de l'Eternel, que signifie ce
geste solennel?

Qu'une tombe garde la gueule ouverte, dedans laquelle tôt ou tard il te faudra sombrer,
parmi ces dents molles et mobiles nommées
vers.

Index et pouce dont le bras invisible pousse
sur une épaule de l'Eternel, que signifie ce
geste paternel?

Que tout meurt hormis l'œuvre, poète, et
qu'il t'importe de sculpter la Forme à mettre

sur ta pourriture à la merci des vents futurs,
si tu ne veux mourir totalement à la Nature.

Forêt des Ardennes-en-Luxembourg,
ce jour des Morts 1895.

IDÉOPLASTIE

A André Gide.

Ailleurs j'ai dit :

— « Le verbe appareille pour la sculpturalité : la forme sensible, une fois conjuguées les diverses phases de cristallisation, sera son triomphe final. Poésie = création. La grandiose promesse de ce terme n'est pas un mythe, et l'on peut jurer que la *créature* sera saisissable dans un avenir plus ou moins distant. Incontestablement se concrétisera le poème si en progrès vers l'apparaître, mais l'entier succès réclame des temps encore. Les mots exprimés depuis les origines par des

races à la suite sont une seule et continue
évocation qui, au cours des âges, amasse des
forces virtuelles jusqu'à ce que, le pouvoir
magique enfin à son paroxysme, êtres et
choses évoqués cohèrent, germent, se con-
texturent, s'accusent de peu en prou, pour
définitivement peupler le solide empire des
sens. La figurabilité des idées est si bien
dans l'évolution universelle que déjà se ma-
nifestent leurs reliefs, dégagés de siècles en
siècles de l'incubation lente. Les trois pé-
riodes du verbe sont : la période de brise, la
période d'onde, la période de glace : une évi-
dence progressive. Nos maîtres vécurent la
période de brise; nous sommes au bord de la
période d'onde ; nos arrière-petits disciples
connaîtront la période de glace. Cette suprême féerie de la morphe n'existe actuellement que dans le vœu du poète, hélas! et
l'on doit se consoler de l'attente immense
avec la statuaire illusoirement préludive du
théâtre. »

Auparavant j'avais narré :

— « La dive Beauté, que les mortels n'ont
encore vue qu'avec les braves yeux de l'éphémère foi dans le temple abstrait de la chimère, les poètes vont l'inviter ici-bas le
plus notablement possible. Ils veulent que la
Beauté descende s'asseoir parmi les hommes,
ainsi que Jésus s'asseyait parmi les pêcheurs
de la Galilée. Déjà ces poètes regrettent le
vieil avenir : éloigné Chanaan où les œuvres
d'art seront des idées sensifiées possé-
dant l'existante vertu d'une source, d'un
amour, d'un triomphe, d'une colline, d'un
océan, Chanaan où des odes se mireront
dans des fontaines, les élégies déperleront
sur les colonnes abattues, les passions s'agi-
teront sur la scène des vallons. Oui, je pré-
dis cette époque lointaine de l'Absolu des-
cendant chez la Matière pour à la longue
s'y substituer, de par l'effort accumulé des
poètes des siècles révolus ; lors s'épanouira
l'apothéose miraculeuse où ces sollicitées

par les générations d'élus, mesdemoiselles
les idées, voyageront en notre monde réel-
lement. »

N'ont-elles, ces prophéties, un léger prin-
cipe de réalisation chez les poètes d'hui? Il
suffit d'ouvrir un livre leur pour que vous
giclent au visage les mots, insectes piqués
trop vivants qui s'émanciperaient de l'épingle.
Et des couleurs variées, comme par une
plume trempée çà ou là dans l'arc-en-ciel, à
telles enseignes que m'étonnent les Salons
de peinture sans, à la cimaise, telles pages de
nos meilleurs écrivains! Et des parfums!
Et des saveurs! Ecriture devient orchestration. Griserie prestigieuse. Ah! ce n'est pas
encore la forme en soi, mais son épure,
son lavis, sa maquette, son écho, son odo-
rance, son ombre, le fantôme de cette forme,
du moins! Le lecteur de foi pourtant, bien
que présentement il ne voie la forme inté-
ressée, distingue déjà davantage que son

simulacre ; il en perçoit la réalité qu'il tangerait pour un peu si l'humaine appréhension d'être déçu ne réfrénait les doigts d'abord curieux. M'arriva-t-il pas d'offrir le bras à une strophe d'Henri de Régnier, de courtiser une phrase de Griffin, d'adorer une prose de Mallarmé, de baiser une maxime de Maeterlinck, de grappiller une chanson de Kahn. de boire un sonnet de Verlaine, de sabler une litanie de Remy de Gourmont, de manger un croquis de Huysmans? Il est manifeste que désormais le poète, se considérant mieux au sens grec, s'applique à vraiment créer, soit à parer d'un poids auparavant ignoré la surface du globe. Coaguler l'abstrait, iconiser l'absolu, figurativer le mystère, organiser l'invisible, meubler l'espace, coloniser l'inconnu sont la neuve ambition du génie ; aussi le trouvé-je à la veille de ressembler à la femme qui, les cris de gésine éteints, gazouille : voici ! en offrant à l'époux ce cadeau vivant — le nouveau-né.

Certes, aboutiront les couches cérébrales, et la sage-femme à l'usage de la Pensée s'offrira, selon nous, dans plusieurs mille ans, alors que, du front prédestiné, spontanément réels, l'esprit et la matière surgiront ainsi qu'à l'aube du démiurge.

Ce sera l'âge utile du rêve, l'industrialisation — Shakespeare and C° — du génie.

Devant l'abondante menace de ces poids nouveaux, estimons heureux, pour notre globe passible de sombrer sous une onéreuse affluence d'imprévues créations, le nombre restreint des aèdes. Le surplus d'une once peut-être entraînera la fin du monde. Le savant qui métamorphose l'aspect de la terre utilise des éléments datant de la genèse ou bien des matériaux issus de ces éléments initiaux, en un mot le savant transforme uniquement le spectacle de la pesanteur ; tandis que le poète couve des œufs qui sont des zéros, mais desquels œufs de néant vagissent, dès lors valables, des nombres non encore catalogués : autrement dit, le savant opère dans le vieux, le poète apporte du neuf. Aussi, pour peu que soit prolifique le poète futur, le périssable équilibre pourrait bien être rompu par ses apports extraordinaires; ce sont eux vraisemblablement qui, provoquant la terminale catastrophe, feront cesser l'homme et commencer la divinité.

★

Oyez la merveille dont il y a des mois je fus l'innocent héros.

Durant une ambulée rêverie dans cette montagne plus aride que le Golgotha, je parvins à un plateau galeux.

Les rouges cavales du ciel avaient-elles rué par là ?

Ni êtres, ni plantes.

A peine une hostellerie en ruines; devant

l'huis pourri, une table flanquée d'un escabeau.

Assis, je hèle — au hasard.

Un hâve nain vomi par le logis décharné
s'avance, une aile de papillon sous l'aisselle
en guise de serviette.

Surprise masquée, je demande une plume
et de l'encre, afin de tracer, avant qu'elle ne
s'esquive de mon crâne, certaine légende in-
ventée parmi la roche.

Vite donc j'écris sur le parchemin cette
chose où figurent cygnes, blés, trèfles, lins, tré-
mières, hyacinthes, fenouil, nénuphars, verveine, lauriers-roses, palmes, cassis, ormes,
tilleuls, moulins, faisans, cigognes, troupeaux, flûtes, cors, fontaines pareilles à des
princesses pleurant de rire, calvaires, personnages d'albâtre, tourelle...

Or, phénomène étrange, l'encre changeait
de nuance au gré des mots, blanche pour les
cygnes, bleue pour les lins, verte pour les
trèfles, blonde pour les blés; de plus elle

trahissait l'arome de la plante désignée; enfin, par surcroît, elle exprimait des sons en transcrivant flûtes et cors.

Mais ce fut prodigieux lorsque inopinément, sous l'action de cette encre séminale, tout, oiseaux, musique, végétations, édifices, bétail, s'orna de vie positive, là, sur le parchemin qui, graduellement amplifié, recouvrait maintenant le plateau entier...

L'hostellerie s'était effondrée devant l'opération du mystère ; moi-même je haletais au loin, jeté à l'écart par l'invasion fantastique.

Enchantement inouï !

Extériorisée, positions acquises dans l'heure et l'espace, ma conception ensuperbe le misérable site ; une apothéose où tantôt le deuil et le silence ; une vie jolie, bariolée, glorieuse ; et l'envie plein les jambes de gravir l'escalier de la tourelle svelte au milieu de la symphonie...

Bientôt, l'épouvante d'une telle œuvre m'envahissant, j'avalanchai vers la plaine.

Un archevêque en tournée pastorale qui le lendemain traversait la montagne se mit à crier trois fois au miracle, puis entonna le *Te Deum* des occasions magnifiques.

Dès ce chant violet, l'Eglise prescrivit de croire, sous peine de cuire à jamais, que lesdites éclosions sont l'effet des Puissances Célestes.

Et je n'ose dévoiler rien à personne touchant ce lieu de pèlerinage exalté par les vierges au tartan d'azur, crainte d'être lapidé pour imposture ou pour sorcellerie.

CHAPELLE DE HAMEAU

A Francis Jammes.

Sur champ de sinople.

Blanche aux tresses de lierre, emmi des tombes, elle s'élève telle une gardeuse d'oies gaillarde...

... le tout roidi par le temps.

Que j'en ai rencontré de ces vastes gardeuses — aux oreilles de confessionnal, à la poitrine comble de rosaires et de cantiques et de roucoulements d'harmonium — sous le hennequin de dentelle où nichent des campanes !

Celle-ci n'a que sur sa jupe de laine ferme une humble cornette, et que, pour bijoux, en dedans l'argentin liseron de l'enfant de chœur, en dehors le coq : vif épi du bonheur.

Combien, quoique roide, elle participe aux gestes d'alentour et les surveille et les console !

... Sous forme de cercueils et de béquilles, souventefois la pénétrèrent catastrophes et douleurs.

Que ne suis-je assez pur afin d'entrer, comme on entre dans une âme de promise !

Cependant tâchons de voir par son œil de rosace...

O ce grandiose petit cœur qui bat au mitan, colombe d'espérance !

Mais voici la gardeuse en joie...

... tellement que son porche affecte un air de pan de jupe retroussé.

Soudain la joie craque d'un si fol rire que

toutes ses quenottes volent s'épivarder sur la place, en jet de semence.

Et puérilement je ramasse les dragées du baptême.

Fouesnant, octobre 1890.

LE PANIER DE FRUITS

A Austin de Croze.

Au seuil du marché de la Bêtise Humaine j'aperçus, extraordinaire, un panier devant ses pieds nus, ce vivant.

Les foules dédaigneuses, il souriait, d'ironie non, de pitié.

— « Passants, des fruits nouveaux ! » psalmodiait-il vers chaque groupe ; et d'ajouter :

— « Pour la bagatelle d'introduire ses doigts en ce panier ! »

Le panier désigné par ses mains à l'usage des clous.

— « Le fou quotidien ! » narguaient, avec

un zézaiement de graines dans une courge
sèche, tous ces gens pressés d'acquérir à
n'importe quel prix les positives banalités
du hall.

Approché :
— « Une de vos primeurs? » tentai-je sur
un ton d'évidente compassion.
— « Soulevez le voile, seigneur, et choi-
sissez! »
Je crus déshabiller une infante.

Les merveilles de fruits!
Un pris au hasard, coutumièrement ou
peut-être à dessein je tendis une pièce d'argent.
— « Gardez! »
m'infligea l'étrange personnage en secouant
sa pluie de lion, et les hautains lingots de
son œil posés sur mes épaules me firent
bellement le saluer depuis le front jusqu'aux
chevilles.

Dès que, dans la solitude (mon amour-propre appréhendait-il une mystification?), je livrai le fruit au pensionnat de mes dents,

Sur-le-champ, d'imprévues magies !

Une gamme de rideaux se lève devant ce regard du mystère que chacun nous recélons, baguette prestigieuse, et l'enchantement du festin s'affirme.

Parfum et saveur me suggèrent d'abord l'histoire de ce fruit : la branche, le tronc, les rayons, l'arrosoir, les nids de la frondaison, la flûte de l'ombrage, le chien du portail, le parler du climat, la coiffe d'alentour...

Ensuite, identifié avec l'arbre, par ses racines je pénètre en de l'intelligible matière, une matière moins sa rigueur, ingénue, comme avant la genèse en la Pensée première ; alors m'apparaît, parmi des êtres et des choses à l'état futur, la Vérité sans linge.

Tandis que me divinise le miracle au travers duquel ma surprise passe, je me ris de la

guenille laissée sur le rivage de l'obstacle et
de la pesanteur.

O ce vierge domaine de Son Absence la
Présence, où les battements de cœur à venir
tiennent lieu de papillons ! ô les jardins
d'yeux ! ô les vergers de carnations ! ô les
champs de chevelures ! ô les forêts de gestes !
ô les lacs de brise vêtus de cygnes qui sont
des âmes en partance !..

N'ai-je donc vu que vos lèpres, primitivi-
tés, avant cette heure de lumière ?

Enfin, de prodige en prodige, voici Dieu !!!

Ebloui, je savourais l'exil du Mensonge,
lorsque soudain, sur mon front, se pose une
colombe d'argile — une main...

Cela me ressuscita dans une rue déserte,
la nuit.

Près de moi le héros au panier de fruits
rares.

Ses yeux messianiques distillaient un miel
radieux.

Il me dit :

— « J'offre à l'homme de fuir le tas d'erreurs dont il est le crabe, mais l'homme,
tenant au lot d'ignominie qu'il jette au cours
des ans sur ce diamant qu'était la Vie avant
que ne la dissimulassent les gangues superposées par les générations, l'homme s'écarte
de ma parole comme d'un signe de voleur,
tant il chérit la lèpre superficielle moyennant laquelle, indivisément et d'âge en âge, il
invisibilise la Vérité qui splendissait à l'aube,
derrière à peine une pudeur de cristal. J'offre
de dessiller l'être, d'améliorer sa prunelle,
d'émonder l'horizon, et, par là, de restaurer
Dieu : grandiose reflet de l'humanité pure.
Offre stérile ! Loin d'utiliser l'esclave dévoue-
ment qui, perçant la distance épaisse, mène
à la toison sublime, le prochain me récuse,
repousse (à l'encontre de son habitude) le salaire de sa paresse, et ses grands bras de mé-

fiance étreignent le tas d'erreurs éperdument.
A la gratuite chair de mes fruits de rédemp-
tion il préfère les déprimantes et dispendieuses
galimafrées. Que si, péroraison, je clangore :
« Visiter Dieu c'est le devenir ; mange ce
fruit, tu seras divin », je sens le lâche remon-
ter aussitôt se blottir dans l'immémoriale
peau d'Adam. Voir partout le traquenard
originel, voilà bien le terrestre fléau. Quoique
suranné, certes il existe encore le serpent des
serpents ; seulement il ne conseille plus :
Mange ce fruit! mais : *Ne le mange pas!*
Autrefois il eût aimé ramper parmi des
dieux suscités par lui-même ; trôner sur des
zéros, œufs de néant, lui suffit à cette heure,
— soit qu'il prenne la forme d'un intestin
de magistrat, soit qu'il s'abrite en quelque
bedaine d'aristarque. Ses sifflets, je le con-
fesse, éteignent mon ode. Oui, le reptile a
vaincu l'aigle, et je sers de bouffon à la Bêtise
Humaine. Néanmoins l'humanité me regret-
tera, va, lorsque défunt j'habiterai ces magni-

licences auxquelles je prélude. Alors, oh !
alors, unanimes les bras courtiseront mon peu
de cendres, et l'opulence briguera le charme
aujourd'hui vainement offert ; mais point ne
sera possible au prodigue de fruits rares de
paraître derechef orner le seuil du monde
converti : le souvenir de la place par
moi jadis occupée subsistera seul, et si glorieuse semblera pourtant cette infinitésimale silhouette de fantôme que les peuples
se la disputeront avec plus de passion qu'un
clocher de cathédrale, et que l'on verra des
princes follement la convoiter comme une
insaisissable chrysalide de splendeur ! »

Le héros s'éloigna.

Il allait disparaître à l'angle.
— « Qui donc es-tu ? » clamai-je.
Il me répondit :
— « Le poète nouveau. »

LA RELIGION DU TOURNESOL

A Antoine de La Rochefoucauld.

Tout à virer d'après le Soleil qu'ancillairement il admirait, jamais ce Tournesol, fervent comme un coup d'encensoir figé en l'air, n'avait daigné m'apercevoir, malgré ma cour de chaque heure et de chaque sorte.

Œil du Gange en accordailles avec le nombril du Firmament, la fleur guèbre ne voulait se distraire de son absolue contemplation.

L'indifférence de cet héliotrope me rendit jaloux de l'astre.

Naine au début tant que superficielle fille

de ma vanité, cette jalousie, foncière dès qu'adoptée par ma raison, prit désormais une envergure énorme. .

Mes moindres appétits de rival convergèrent vers ce mystérieux pétale à conquérir : un regard de la fleur.

Pour une telle victoire je mis au vent, l'un après l'autre, tous les moyens de stratégie possibles

★

Vêtu d'étoffes somptueuses, comme taillées dans un songe de poète pauvre, une grappe adamantine à chaque oreille, les phalanges corselées de bagues, pontife de l'idée sous la tiare ou prince de la matière sous le diadème, j'allai promener autour de la fleur ma braverie de guêpe humaine.

Le Tournesol ne me regarda mie.

Longtemps je m'appliquai à parfaire ma force ainsi que ma beauté, conjuguant la course, le bain, les poids, luttant avec la corne ou la crinière ou le chef-d'œuvre ; une fois, très fort et très beau, je vins, un essaim de vierges pâmées à mes flancs, produire à l'œil incorruptible de l'inexorable idole le verger de ma forme.

Le Tournesol ne me regarda mie.

Jugeant nécessaire de joindre à l'argument du corps celui de l'âme, je lavai dans mes vagues de repentir le corbeau prisonnier en ma personne, puis on me vit parader devant la spéculative avec un roucoulement de colombe aux lèvres.

Le Tournesol ne me regarda mie.

Traversé de la baroque hypothèse que cet œil pouvait n'être qu'une extraordinaire oreille de curiosité, je m'environnai de harpes, de violes, de buccins, et, comme au mitan d'un harmonieux brasier, je m'avançai saluer d'une strophe divine l'inflexible.

Le Tournesol ne me regarda mie.

Sa rude margelle en guise de pupitre, je m'abreuvai si bien à tous les seaux jaillis de la Science que les pygmalions copièrent ma renommée et que les édiles votèrent d'épaisses semelles de granit à mes statues sollicitées par les forums.

Le Tournesol ne me regarda mie.

Espérant décisif le moyen de patrie, je fondis sur la multitude étrangère, saccageai ses lois, brisai ses symboles, brûlai ses bibliothèques, pour finalement m'asseoir sur le

trône du roi vaincu, dont la langue coutu-
mière de l'ambroisie léchait mes orteils d'apothéose.

Le Tournesol ne me regarda mie.

Si la fleur était simplement quelque étrange
malsaine? complotai-je un jour d'exaspérée
lassitude, — et vite d'assassiner une très vieille
femme en train d'éplucher des carottes.

Le Tournesol ne me regarda mie.

Découragé, rageusement j'imaginais des
combinaisons, inutiles d'avance, — lorsque
passèrent sur la route trois Mendiants...

Évangélique, je m'avance.

— Je suis la Semaille.
Dit le premier, aux membres de terre et
cheveux de fumier.

Je baisai ses cicatrices, desquelles soudainement vagit un avril d'arc-en-ciel.

— Je suis le Chagrin.

Dit le second, drapé de feuilles mortes.

Je l'enchantai d'espoir, à telles enseignes que sa bouche verdâtre s'ouvrit en grenade et montra des grains de rire.

— Je suis la Vieillesse.

Dit le troisième, couleur de givre et de faiblesse.

Je jetai mon manteau sur ses épaules, lui cueillis un sceptre de houx dans la lande et lui remis les fruits jolis de ma besace avec le sang rose de ma gourde, si bien qu'il partit la jambe gaillarde et les pommettes riches.

Alors, me prenant sans doute pour le Soleil, le Tournesol tourna vers moi son admiration, — et dans cet œil je m'aperçus tout en lumière et tout en gloire.

LE DÉSIR

A Touny-Lérys.

Il faisait vingt ans.

Enjolivé de mon amante, j'arrivai parmi des hommes qui tout de suite la convoitèrent.

Eve et moi, d'abord nous nous crûmes chaussés d'une chaloupe à la merci du noroit tant nous prenait de formidables nausées, — la hideur de ces hommes tenant lieu d'épouvante.

L'un, bossu; l'autre, pied bot; celui-ci, des yeux pourris; celui-là, un chancre aux lèvres; tel autre aux allures de bouc, et tel autre de squelette.

En cercle vif autour d'Eve, on eût dit l'as-

saut d'une fleur par une escouade de crapauds.

Or, ces hommes faiseurs de poèmes splen-
dides parce que sans maîtresse (nulle femme
n'osant associer sa rose à leurs pustules), ces
hommes, en le rayonnement de mon amante,
ciselèrent des strophes si parfaites que mon
enthousiasme éclata comme la joie d'un
cirque entier.

Un soir, escomptant une manifestation plus
grandiose encore, j'insinuai :

— « Belle , fais-leur l'aumône de ton
corps ! »

Et d'aussitôt me déguiser d'absence.

Le festin consommé, les hommes, d'ailleurs
après m'avoir raillé comme si j'ignorais, ces
hommes, dis-je, glorifièrent la Beauté en des
vers pitoyables.

Leur désir tué, ce n'était plus que des
âmes quelconques, et la Beauté resta souil-
lée.

Un des plus gros chagrins de ma vie !

GESTES

A Maurice Barrès.

Je prétends qu'ont été prévus les gestes de chaque catégorie d'êtres et qu'avant l'éclosion de ces êtres les mouvements de leurs corps furent définis, mensurés, cadastrés par un qui plane au-dessus des individus, sublime régisseur des ficelles humaines.

A ce sujet, que d'observations cueillies au foyer de mon père, dont les cinq garçons, à des distances diverses et toutes proportions gardées, copient les manières : spécial alphabet de gestes autour de la table paternelle, à croire que les veines, ficelles violettes, se meuvent identiques dans les personnages réunis !

Il ne s'agit pas uniquement ici de la famille par le sang, mais encore de cette famille par la sympathie que s'adjoint le cœur et sur les membres amis de laquelle s'évertuent les parfums de ligne qui nous agréent.

Ne peuvent être nos familiers, semble-t-il, que ceux-là dont l'expression plastique (autant que morale) corrobore notre goût initial, comme si, les gestes venant à s'imprimer dans notre argile, nous récusions les impressions hétérogènes ou dont tout au moins nous n'avons pas l'accoutumance.

Evidemment l'on s'aime dans les autres.

L'amour — aussi l'amitié, cet amour en béquilles et bonnet grec — qu'est-ce autre chose que la manifestation suprême de l'égoïsme ?

Un geste adverse nous produit l'effet d'une ruade ou d'un soufflet ; or, l'homme tient par-dessus tout à conserver son équilibre sur l'horizon ; il faut donc voir, dans la première assemblée de gens aux signes analogues, la genèse de l'harmonie sociale : d'où les bourgs, les villes, les provinces, les patries.

Qu'un jour, dans ces agglomérations, les allures discordent, aussitôt c'est le jeu de massacres. Songez-vous sans frémir aux gestes échangés par deux patries de nature contraire ?

Une nuit, tenez, brutalement j'ai congédié de ma chambre une jolie personne.

— « Pardonne, ô toi qui sembles un fruit de vitrail, exprimai-je, la voyant chagrine de mon procédé barbare, mais le moindre de tes signes me transperce ainsi qu'une lance de calvaire. »

Quoiqu'il y ait de cela belle lurette, me piquent encore parfois les blessures dues à cette Yvonne dont les cheveux sont couleur d'huile d'olive, selon le *pèlerin passionné*.

Véritable école de gestes ce logis énigmatique où je fais, dramaturge en quête de solutions humaines, succéder l'ève blonde à l'ève rousse et l'ève rousse à l'ève brune.

(Belles filles guidées à mon gré de l'amour à la trahison et de la trahison à la haine, n'êtes-vous pas vengées suffisamment par les cailloux que, me croyant aveugle, me jette la foule, cailloux dont, il est vrai, ma prudence remplit ces tiroirs où les transmuera le temps en pierres précieuses que le poète renverra d'un opulent balcon quelque soir de rire, — son masque ôté ?)

Une égale envergure de gesticulation, jusqu'à donner l'illusion d'une créature unique, toutes les amantes qui partagèrent, un mois au moins, ma vie.

Ce clou, une brune l'a planté voilà quatre ans à ce mur ; il y a deux ans, une rousse y pendit un pichet ; ce pichet, une blonde le décrochait hier pour y boire. Eh bien, cela fut exécuté par, dirait-on, une seule et même

femme, à telles enseignes que la boisson bue
par la blonde me parut (en fermant légère-
ment les yeux) avoir rafraîchi la brune qui
planta le clou jadis.

Et pareille façon, toutes, de fermer la
porte, de balayer, de manier le plumeau, de
saisir les casseroles, comme si certains objets
invitaient certains gestes ou comme si tel
geste était le mystérieux complément de tel
objet.

Ainsi de mes amis : le même geste vers le
plat...

Maintenant ces amantes et ces amis ap-
portèrent-ils en naissant la mimique précise
qui m'est chère, ou bien, car le fourbe nous
copie, se la sont-ils assimilée pour me leur-
rer mieux ?

Toujours est-il que les gestes de ma pré-
dilection hantent ce logis et m'environnent ;
sans cesse je devine leurs tubes invisibles
dans l'espace, et j'ai la sensation que, le cas
échéant, les membres de l'amante nouvelle et

de l'ami nouveau s'en gantent et s'en maillottent habilement afin de ne point dévier du type à mon goût.

C'est pourquoi votre total, amis, maîtresses, m'est une unité.

Ma dernière amante m'a quitté ce matin.

Solitaire, je m'amuse à voir se dégonfler les maigres baudruches significatrices où se blottissait le corps de l'en allée.

Quelle autre les regonflera demain ?

Paris, août 1890.

LES COURONNES

A Romain Coolus.

Sur Paris, le Temps, satyre à face de pier-
rot, agaçait de ses deux ongles noirs les cri-
nolines d'airain ; aussi les heures s'esquivaient-
elles allégrement, grisettes du Moulin Bleu...

Notre chien Axel dormait sur l'intangible
litière de soleil tombée de la fenêtre ouverte.

La couleuvre de mon loisir incommensurable s'étalant, je songeais, nourrisson d'un
exquis cigare de contrebande corse.

Dans une lointaine apothéose d'illusion
m'apparurent les solides gars de mon ambition accouchée. Ses vitraux coloriés de com-

passion à l'égard des cadets encore sous le joug, l'aboutie cathédrale de ma joie s'épanouissait enfin, et les orgues disaient mon œuvre accomplie.

Soudain la fumée du cigare, que le coma déformateur faisait encens populaire, en *couronnes* s'éleva.

Or celles-ci, loin d'encercler ma tête, ascendaient indifférentes. L'amour-propre marri de ce tort de diadèmes, si futiles soient-ils, sur un siège m'érigeant, jusqu'à ce qu'à mon front s'adaptassent les vanités enviées, j'insistai.

J'y parvins, d'un effort qui rompit le charme.

— « Cette avare expression des masses, la Gloire, rarement daigne condescendre, pensai-je; de son haut trône elle attend fière le Chevalier de l'OEuvre.

« Couple d'orbites par lesquelles des légions contemplent les héros, combien ardu d'apprivoiser votre rayon total et de s'éjouir en son admirance pleinement !

« Point ne suffit de mériter la Gloire ; il faut encore gravir l'arpège de marbre, puis, dès nos cheveux en pluie sur ses cothurnes, se la concilier par une cour ridicule et, si sa réponse est de glace (ordinaire coquetterie de qui se sait critérium), la violer. Que de gens font ce que je viens de faire, s'avancent l'échine souple et la main friande — cela valait-il pas un regard, un sourire, un baiser ? — mais, le tréteau quitté, comme ils doivent cracher contre le miroir de la chambre avant de reposer leur nudité sur la fraîche paillasse de lauriers !

« Les dignes, eux, se cramponnent à la solitude et dans la nuit meurent sans un pas vers la patricienne aux graisses populacières.

« Mourrai-je ainsi, moi que la Gloire effarouche ?

« En ce cas, ma crainte (car la prude s'acharne après coup sur ses contempteurs sans défense) serait qu'elle ne vienne, ouvrant mon cercueil comme une tabatière, offrir une prise de mes cendres aux urnes déléguées, ces faux-nez des nations contrites ; et j'endêve à la pensée de mon squelette défoui, suspendu au bras de la marianne ainsi qu'un fiancé macabre et promené parmi la louange des joues fleuries.

« Oh ! cette perspective de soufflets tard convertis en coups d'encensoir ! Oh ! de songer que ces yeux, jusque-là secs de mépris, pourraient inopinément résipiscer le long du moine mort, une folle envie me prend — à l'unique fin d'une gloire moindre, mais immédiate, logique, et d'ainsi m'épargner la dérision des palmes futures, seules durables pourtant ! — une folle envie me prend de déserter le sablier de ma thébaïde, de m'ensillager de joueurs de flûte, d'utiliser les tables amies (ces tremplins !), de soudoyer les hérauts, de courir les cabarets où se posent les candidatures à la réputation, de remiser ce bizarre miroir à têtons autour duquel mon observation maligne a groupé de suffisantes alouettes, de jeter bas ce masque de naïveté qui me nuit désormais plus qu'il ne me sert, de m'atteler à toutes les gazettes, d'éditer en les amendant ces ouvrages que le scrupule d'une étude plus ample de la vie surseoit, d'atténuer de gui ma robuste originalité, d'officialiser, de m'incliner, de m'agenouiller, de brosser des bottes avec mes moustaches, de lécher des clous de semelle, de ramper, enfin de me prostituer. »

Le chien, cuit à point, protesta contre le soleil...

J'allai clore les persiennes.

Des gouttes tombaient, une à une, de la narine de cuivre sur l'évier de la cuisine...

Paris, juillet 1886.

L'ARMOIRE A GLACE

A Saint-Georges de Bouhélier.

La première nuit de mon retour d'enfant prodigue en ce village de Provence.

Des lassitudes m'avaient, au débotter, jeté sur ce lit : le lit où je suis né.

A l'aube, de par la piquette d'Angélus versée dans mes oreilles par Hyacinthe le sonneur, je fus debout — avec, aussitôt, ma nudité vis-à-vis de la glace d'une très vieille armoire familiale.

Si limpide, cette glace, que la tentation me prenait d'y tremper la fièvre de mes lèvres.

S'y mirer égalait s'y baigner.

Et la vivance d'un œil.

Inopinément, l'armoire grossière me parut comme grosse de préjugés.

Cela semblait se gonfler à mesure...

Je compris que, d'habitude, seuls des gens purs se regardaient en ce miroir, car, à me refléter, il se voilait peu à peu de menues taies.

Bientôt, le miroir changea d'être : d'abord, rose ainsi qu'une joue de vierge scandalisée, puis plus rouge qu'un front de patriarche offensé...

Portais-je donc sur la peau les souillures de la Ville ou bien mes vices s'extériorisaient-ils?

Soudain, une explosion de cristal, sèche, brève, en cri d'oiseau!...

Eventrant le panneau de l'armoire, la glace venait d'éclater — de *honte*, je suppose.

Dans le meuble, sur les rayons, du linge aligné, linge d'une candeur baptismale, fleurant la lessive faite par des lavandières en état de grâce.

M'en étant paré comme d'une vie neuve, je descendis vers la mer purificatrice — sur laquelle les mouettes des îles parsèment des signes d'absolution.

UNE AME A QUATRE PATTES

A madame Séverine.

Du portail, je remarquai, sous les platanes des écuries, un cercle de charretiers ayant pour centre un cheval blanc sans harnais.

Comme ces hommes à la bouche ordinairement blasphématrice me paraissaient, malgré la distance, accablés d'une grosse peine, avec curiosité je m'approchai.

Dans le cheval blanc sans harnais je reconnus le plus vieux serviteur de la maison, puis je sus vite, par les mots cueillis çà et là, que la bête ayant fait son temps et ne pouvant sans danger pour sa santé continuer le

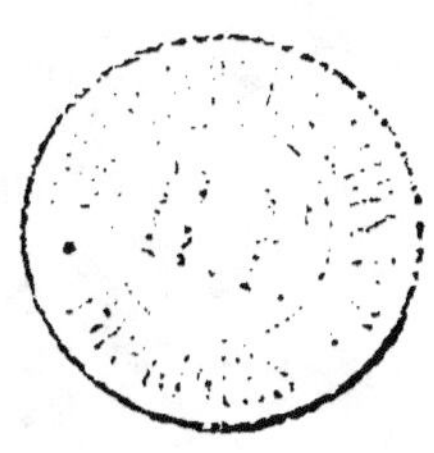

pénible travail des carrières d'argile et des usines, mon père l'avait cédée à quelque brave paysan d'un hameau proche, afin qu'elle y vécût ses derniers jours dans un labeur primitif et facile au point de se croire en villégiature.

Le paysan choisi, vierge et franche figure d'homme éloigné des villes, attendait près du puits, à quelques pas, son heure de propriété; j'observai une telle vérité dans ses clairs regards qui vinrent mettre leur rosée sur moi que l'étranger m'apparut sorti du puits en quelque sorte. Conseillé par mon cœur de recommander la bête au maître nouveau, j'allais me diriger vers lui, mais il me jaillit à l'esprit que le probe paysan pourrait trouver en ma démarche une façon de suspicion et je gardai intacte la certitude que le cheval trouverait là-bas les égards dus aux vieillards.

Je me retournai vers le cercle vivant.

A ce moment un des charretiers, Piémontais à la mine impitoyable, passait la main sur le dos de l'animal. Sachant pénétrer les choses délicates, je perçus que l'homme, envahi d'un indéfinissable remords, essayait comme d'effacer ses injustes coups de fouet, — or, la bête reposa simplement sur son bourreau deux prunelles miséricordieuses.

A travers l'éparse causerie des charretiers, je pus constituer l'histoire du serviteur qui nous allait quitter.

Vingt ans durant, il avait peiné dans nos carrières d'argile. Bien des chevaux étaient morts depuis sa venue au village rouge, lui avait résisté, non qu'il fût robuste, mais une volonté rare inspirait sa personne, une volonté, sorte de soumission chrétienne à l'usage des bêtes ou bien de résignation, ayant conscience de la fatalité qui terrasse les êtres conquis, bref une volonté sur laquelle, grâce à cette vertu de s'abstraire en l'espérance exacerbée d'un avenir meilleur, pèse peu l'inéluctable caparaçon des coups de fouet. Il alimentait de son tombereau lourd comme un

6*

rocher les diverses usines grouillantes de
courroies folles et d'épileptiques cylindres,
qui sans doute lui paraissaient des lieux de
sabbat hantés par des reptiles de cuir et des
araignées d'acier fantastiquement laborieuses.
L'argile, une fois devenue tuiles, statues
ou balustres, il la portait sur la tartane
amarrée au rivage, qui cinglait la porter à son
tour aux bâtiments de Marseille en partance
pour les lointaines patries de la banane, du
lingot, de la perruche...

— « O cette tartane aux lins de villageoise,
pensai-je, dont avec surprise il suivait l'har-
monieuse ivresse parmi le chemin glauque,
peut-être son œil la considérait-il comme une
charrette de mer et sa cervelle supposait-elle
aussi l'invisible fouet d'un magique Charre-
tier diffus dans le vent, puis un Cheval à lui
semblable, mais un Cheval abîmé dans l'onde
et traînant avec mystère la tartane obèse.

« Cette besogne de forçat, monotone
calvaire d'ahans et de sueurs, fut la même

tous les jours de la semaine, excepté le septième, le dimanche, où, de même que le
Dieu des Malheureux, le pauvre cheval pouvait enfin calmer les consécutives fatigues du
joug.

« Comme, affalé sur sa litière, il devait
savourer le dimanche, et comme ses heures
lui devaient être maternelles et précieuses
dans leur robe azur perlée de sons de cloches !
Sans doute, à part lui, nommait-il le dimanche : le Jour-où-l'on-sonne-les-Cloches ! »

La chère bête, ici, me para de son œil tran-
quille et son regard exprimait :

— «Oui! longtemps j'ai souffert, néanmoins,
en cette heure d'adieux, à l'instant d'aller
vers la joie prochaine, je ne suis pas sans
regretter la souffrance passée. Elle m'était
une habitude, noire certes, mais l'on chérit
ses habitudes, quelle que soit leur couleur.
Je sais que je m'en vais, or le départ est
triste toujours, partît-on de l'enfer; je sens
que j'abandonne quelque chose, or l'aban-

don est triste à jamais, l'abandonnée fût-elle
la misère. Ma misère, vois-tu, j'appris à
l'aimer comme une épouse, méchante il est
vrai, qui cependant reste fidèle au foyer;
eh bien, je trouvais, à la longue, du calme à
l'acariâtre foyer. Le bonheur n'est-il pas
dans la résignation qui change en devoir
accompli l'injustice subie et permet à l'âme
du vaincu d'égaler, de surpasser même, l'âme
du vainqueur? Fort de cette idée que le sage
canalise en rivières bonnes le fleuve désas-
treux, mes coups de fouet finirent par me
sembler des caresses puissantes, et, si je l'avais
pu, j'aurais crié merci, croyant qu'une amitié
considérable me faisait l'aumône. On ne
saurait trop excuser les peines fidèles, puisque
leur existence prouve qu'elles tiennent à vous.
Oh! les peines sont des malheureuses exilées
du monde heureux! Subissons-les, nous les
misérables, laissons les peines nous aimer à
leur manière et chérissons-les en désespoir
de cause, quoique faire souffrir soit leur

genre d'aimer, chérissons-les au nom de
leur fidélité !

« Maintenant tu connais mon regret.

« Volontiers, je le célébrerais avec le culte
extérieur des larmes, mais le don des pleurs
s'en est, hélas ! allé dans mes sueurs innombrables ! Pourtant je pleure, et mes invisibles
larmes sont plus amères que des larmes vi-
sibles, parce que mes bourreaux ici présents
ne les voient point et parce que l'absence
physique de cette onde triste peut faire croire
à l'ingratitude de la victime qui s'en va. »

Ecartant les charretiers songeurs, le paysan
jeta sa limousine en guise de sac sur le cheval, et prit quelque temps à lui adjoindre un
licol avec brides d'osier et rênes de corde.

Le regard du cheval continua :

— « Je regrette aussi le village où mon
séjour aperçut tant de choses diverses. J'y ai
vu des bébés en nombre incalculable devenir
des communiants lisés d'un cierge, puis des
ouvrières et des soldats, puis des fiancés, puis

des époux, puis des mères ou des pères. Combien de baptêmes et combien de funérailles contrastèrent sur ma route ! Toi-même, je te vis jouer aux billes sous la treille ancestrale de Péragante ; le soir, voici des ans, Cadet le palefrenier te campait sur mon dos paisible au retour du travail et tu riais très rouge pour déguiser ta peur très blanche. Peut-être ne te souviens-tu plus, moi je me rappelle, n'ayant qu'un droit bien à moi : celui du souvenir. Je regrette aussi ce grand œil de fée blonde, la mer, et je regrette encore le recteur au front de patriarche qui faisait sonner les cloches dominicales : ces cloches regrettées par-dessus tout ! »

Par la pensée je répondis au pieux cheval, et mon silence fut entendu de lui, le silence étant l'idiome familier aux êtres qui ne sont pas les hommes.

— « Console-toi, répondis-je, là-bas d'autres cloches t'attendent. Sonnant parmi la paix constante, certes elles seront moins précieuses

que celles qui, sonnant après six jours d'es-
clavage, annonçaient la liberté. Qu'importe
si, par le divorce de la misère, tu t'imagines
vivre un dimanche perpétuel ! Et puis, au hameau de joie, ta tête dressée dans la brise
pourra-t-elle entendre parfois les cloches premières du village de souffrance !... »

Le paysan sauta en selle et le vieux cheval,
sorti de l'adieu des charretiers, entra dans la
route blanche. Je suivais.

Devinant mon âme chagrine, le cavalier me
dit :

— « Soyez sans crainte sur son sort. La
semaine, après avoir porté de l'herbage au
marché communal ou des primeurs aux cas-
tels voisins, on le laissera paître et rêver avec
les moutons et les oies ; le dimanche, au petit trot, avec une branche de romarin au col-
lier, il conduira la carriole familiale à la
messe derrière la colline fleurie. A l'avenir,
plus de ces poids énormes qui faisaient cra-
quer ses vieux os, désormais plus de fouet

qui met la viande à vif et plus de pente roide !
Son chemin sentira bon avec, çà et là, des
coqs superbes comme des fusées d'artifice, des croix sur des marches de pierre et des
saintes vierges dans leurs niches. Lorsqu'il
sera trop vieux, nous le laisserons à l'étable
devant un tas de foin. La maisonnée l'ai-
mera si bien que sa mort fera pleurer les enfants et hurler le chien du portail... Alors,
moi, je creuserai un grand trou pour le sous-
traire au grand couteau de l'équarrisseur et
lui permettre le dernier sommeil !... »

Le paysan avait dit, sa monture secouait
la tête en signe évident de gratitude antici-
pée.

Il se faisait tard, le soleil étant depuis longtemps tombé dans les vagues, immense coupe
de Thulé.

Nous approchions du dernier arbre du village.

A cet endroit, comme si quelque lutin charitable en observation dans le clocher eût voulu

réaliser l'intime souhait du cheval, l'*Angélus*
tinta.

S'arrêtant alors, dans le but manifeste d'y
emmagasiner les sons adorés pour tout le
temps de sa vie nouvelle, le cheval dressa les
oreilles.

L'*Angélus* achevé, la pauvre bête s'efforça
de hennir un adieu suprême ; mais le hennis-
sement resta dans le grand cou tendu dont
la crinière me parut une pluie de larmes in-
commensurables...

CIGALES

A Paul Valéry.

Le Temps récite le rosaire du Soleil.

En ces heures couleur de trésor d'église, des joues d'ange que l'on mangera sourient sur les bras verts des candélabres dont les bobèches d'herbe sèche vocalisent. Par les rubans blancs du vallon blond, dont un coteau semble une idylle de Théocrite et l'autre une bucolique de Virgile, viennent et vont des pèlerins en blouse, ceints d'un diadème qui repousse, tenace, malgré la boule de toile moyennant quoi la main tous les vingt pas l'efface, péremptoire. Dans un verger messire Epouvantail bat la mesure au-dessus d'un pupitre aux notes de cerise exécutées sur le fifre par un berger d'ouailles qui bêlent sous un vol vivace d'hirondelles tricotant l'espace. Ce pendant, devant son seuil enjolivé de chèvrefeuilles, un vieillard d'avant-garde aiguise l'annuelle faulx, comme s'il lustrait avecque de la bise une lame de fond.

Le Temps récite le rosaire du Soleil.

Provence, juin 1891.

LE MYSTÈRE DU VENT

A Henri Mazel.

Lorsque les désirs d'avenir où les regrets de souvenir s'éveillent dans une partie quelconque de ce crâne géant, le Globe, — le vent se lève.

L'espace est composé d'âmes éparses, en expectative ou bien en irrémédiable exil de la matière, dont la motion diverse inspire branches, voiles et nuées.

Théoriciennes soit du devenir soit du redevenir, ces âmes, passées ou gérondives, les unes à naître et les autres mortes terrestrement, attisent leur potentialité vers l'ancienne ou future joie de vivre, impersonnes en quête d'une valeur saisissable ; alors se ruent des chevauchées s'évertuant parmi des chocs où se déchirent et se cassent les os et la peau de leur ambition, gravissant les monts, inondant les vallées dans une vertigineuse impatience d'être.

C'est le vent qui passe.

Le spéculer fut toujours ma passion capitale.

Volontiers, si la nudité n'injuriait les sottes conventions, tout nu j'irais afin de laisser la subtile vague d'air mettre à la longue son paraphe sur ma vigilance ainsi que fait sur la falaise une obstinée vague de mer.

Néanmoins, comme dévêtu par un paroxysme d'attention (ou peut-être oublié-je l'étoffe au point de lui valoir un instinct d'épiderme), me vient le soupçon que d'étranges clandestines sur moi déferlent.

Ces fantômes jaloux d'apparaître. je ne les vois pas à vrai dire. mais je les conjecture. pour bientôt les percevoir d'une perception qui. s'accentuant d'onde en onde, se traduit par une infinitésimale, puis appréciable sensation de lignes et de contours.

Serait-ce que le sens s'acclimate sur la cime de l'idée? serait-ce que l'idée s'acclimate dans la plaine du sens? Toujours est-il que mon être. agglomération de résistance opposée par mon Toucher servi de ses frères, s'initie, aveugle du vide. aux hiéroglyphes de l'assaut : initiation de la figure par successivement le point, la ligne. l'angle. la courbe...

Méticuleux labeur de performance, car, en sus d'une hâte obligatoire, il me faut mainte fois analyser et marier les pièces confuses d'une même âme écartelée.

Ainsi. moyennant la transcription de la substance par le miroir du mode, tel infini parvient à se définir en du fini, l'abstraction daignant se formuler par des linéaments, se préciser par un squelette, se presque idéoplasticiser : linéaments, squelette, argile dont l'hypothèse est dans mes sens et la réalité dans ma foi.

Certes l'entière morphe n'est aucunement organisée là, mais, indiqué l'air qu'icelle déplaçait ou déplacera, j'ai pu du moins, la circonscrivant, l'évaluer, l'individualiser — si bien ! que serait, un moindre davantage, superflu.

Cette intuition du déplacement d'air m'induit, mensuration faite des psychés absentes, à une relative sculpture de l'Absolu.

Une Absence pareille, qu'est-ce autre chose en vérité que la preuve de la Présence ?

Sitôt sur la piste d'une forme intrigante, philosophe en un bal d'essences, je traque la métaphysique à travers la nature, bondissant

après sa science, comme un lion des sables à
la recherche d'une fraîche poche de chameau.

Passants qui ce soir me voyez le corps ivre
de lassitude regagner mon logis, ne riez point!

J'ai tant couru depuis l'aurore!

A la première heure, parmi la prairie,
j'avais cru ressentir en une lame de brise la
silhouette de l'Infidèle — morte depuis! Sur
ma gorge et mes bras nus n'étaient-ce pas,
frôlante, la signature de son indéniable voisinage et l'insinuation de son poids en minia-
ture des nuits d'amour?

Dans la jungle de nos lignes familières
dominent celles de l'Aimée.

J'allais étreindre Marcelle, mais la brise est
perfide...

Aussi me fallut-il vagabonder, guidé par
le seul Ange de la Miséricorde.

La nappe d'air à laquelle participait Marcelle s'étant engouffrée dans un val, heureusement, la désirée lame vint s'échouer sur

un tas de cendres jetées là par quelque ménagère.

Encore que houspillée par les genêts du hasard, l'épave était reconnaissable. On eût dit que l'ancienne statue de vie, réalisée par l'effort d'être de l'âme en peine, s'était vautrée sur l'impressionnable écueil, y laissant comme les deux concavités de son moule. Je ne pouvais me tromper : voici les nids de sa tête, de ses cuisses, de ses mollets, de ses talons ; voilà les reliefs à rebours de ses orteils, de ses genoux, de son ventre, de ses seins, de son visage !

Mes jambes fléchirent.

Mon cœur allait baiser le sceau du Passé, lorsque la brise, prise d'une soudaine panique, souleva les cendres en tourbillons...

Je fus vêtu de gris !

Un chasseur de papillons me prit pour un spectre et se signa.

Quelques heures après, longeant l'Etang

de la Fatalité, j'ai vu les pouces du vent mode-
ler une forme dans l'eau. Comme je me
penchais vers l'énigme, un Cygne moribond
chanta :

— « C'est l'Apparence à venir d'une femme
qui naîtra demain. »

Un roseau siffla :

— « Sera très belle cette femme et tu l'ado-
reras. »

C'est pourquoi, passants, vous me voyez
marcher les yeux en dedans : je songe à
celle qui naîtra demain, à l'idole tardive qu'en-
censera ma vieillesse et qui ridiculisera mes
cheveux blancs.

APOCALYPSE

A Paul Roinard.

Par un matin d'huissier, mai 1894.

Le soleil monte faire téter la Vie.

O l'héroïque songe où ma cavale de brise m'emporta juvénilement, à travers l'inique plateau des siècles, vendanger les diadèmes, crever les crânes, fendre les masques, broyer les testicules, fondre les balances, culbuter les idoles; puis, dans le ravin misérable où ne daigne l'œil hautain, sonner la diane révélatrice, secouer l'hébétude des races asservies, couper les anneaux des chevilles, redresser les fronts, tailler une forme humaine dans chaque broussaille de poils et de cheveux, délivrer la rouge alouette captive en la cage des dents et superposer les jougs en escalier pour que, sur la splendide catastrophe des tyrans aplatis en crapauds, les martyrs, qui jusqu'alors ahanaient à la façon des bêtes de somme, sourient, des ailes d'aigle à leurs épaules, parmi la béatitude d'un soleil neuf !

On frappe.

J'ouvre.

Accoudée au chambranle, la hideuse Réalité m'insulte d'un rot narquois en plein visage.

LA KERMESSE DES ASPERGES

Sors de ta chrysalide d'argile, ô mon Ame, et sous ta fâmée forme de satane, allons voir les asperges de mai danser aux clins d'argent de ton regard malin !

C'est assez de sagesse au firmament du rêve, et puisque est épuisé notre dernier grenier, derechef appareillons la nef de nos sagacités pour les ardents sillons de la cité prochaine. Là nous envoûterons le superbe et le gueux, l'éphèbe et le cagneux, afin de supputer au thermomètre de la brute les multiples degrés de la canaille en rut. Hardi pour

la science énorme, avec pour page une place
publique et pour encrier les entrailles de la
multitude ! Tu fus l'élue, sois la déchue ; tu
fus la prude, sois la grue ; après la poule sois
la goule ; sois le vacarme après le calme. Certes
on chuchotera sous l'auvent torve des hypo-
crisies ; certes on médira, mesquins, vidés,
pantins, maquereaux et châtrés ; mais bah !
mon Ame, nous rirons tout bas ! L'éphémère
ignore le génie d'édifier avec les vanités des
pèlerins de l'heure une vérité qui demeure,
d'extraire une chimère merveilleuse du fumier, de contrôler le songe avecque le mensonge des réalités. Ne t'inquiète donc point des
crapauds accroupis aux gradins des trottoirs ;
ayant pour nous le bon sourire de la conscience, qu'importent leurs coassements d'un
soir ! Leur office est d'orner de pétards gras
les talons de la Gloire et nous sommes de ceux
qui traversent l'Océan des Temps dans les
beaux bras de la verte Mémoire.

Sors de ta chrysalide d'argile, ô mon Ame,
et sous ta fâmée forme de satane, allons voir
les asperges de mai danser aux clins d'argent
de ton regard malin !

Carnaval de Bruxelles, 1895.

LE RIRE PERDU

A Mlle Eugénie Nau.

O passants, n'auriez-vous pas rencontré mon rire, par hasard ?

Fleur invisible de musique, il s'est esquivé de mon visage tantôt, et je le cherche en mon logis, dans toutes les demeures, au cours des rues, parmi les carrefours, dessus, dessous, à droite, à gauche, en bas, en haut, partout.

Vers où s'est-il enfui ?

Etait-il las du balcon monotone et restreint de mes dents ?

Le désir des aventures ?

A mes lèvres préféra-t-il les lèvres de l'Amante en allée? ou quelles autres? Un rire, s'il a des ailes, la bouche alors serait un peu la cage dont voudrait parfois s'émanciper ce rossignol de l'être.

Depuis j'épie la joie éparse : les écoliers roses, les paillasses des tréteaux, les soirs de salaire, les affiches heureuses, les gagnants de gros lots, les sorties de prison, enfin toutes les faces de gaîté.

Mais, tous ces rires, ce n'est pas le mien.

A moins que mon rusé transfuge n'ait habilement troqué sa sorte contre une autre et déguisé d'une morphe imprévue son escapade, c'est pourquoi je le recherche aussi sous des transpositions bizarres.

En quoi donc put-il, de préférence, se cristalliser ou se volatiliser?

Serait-il pas devenu :

Cette souris qui trottine menu sur mon tapis de prière ?

Ou ce chardonneret d'en face ?

Ou ce saphir de la dame qui passe?
Ou le bouton de cuivre de ma porte?
Ou les yeux du chat dans l'ombre?
Ou cette tasse vieux Japon à famille rose?
Ou cette essence de verveine?
Ou cette joue de jeune fille?
Ou ce bec allumé du trottoir?
Ou cette vitrine d'orfèvre?
Ou ce bouquet de corsage?
Ou cette devanture d'horloger?
Ou la lame de cet ouvrier coupant son
pain?
Ou cette cocarde à ce harnais de gala?
Ou ce clairon de la caserne?
Ou ce pendant d'oreille?
Ou ce refrain de chanson?
Ou cet arpège de mandoline?
Ou ce bout de sein de nourrice?
Ou ce bas de jambe retroussée?
Ou cet octave de piano?
Ou cette grappe de raisins?
Ou cette pendeloque de cerises?

Ou ce miroir ?

Ou cette étoile ?

Mais dites, s'il s'était converti en louis dans ma bourse vide ?

Ah ! ce cri de marchande de quatre-saisons, si c'était lui ?

Eh ! s'il s'était blotti dans la flûte de ce mendiant des cours ?

Hélas ! ce n'est toujours pas mon rire que je découvre en ce multiple carnaval des formes !...

Oh reviens-moi, mon rire, oh reviens-moi ! Vois, je suis laid bien plus que si j'avais perdu toutes mes dents, car, toi loin, c'est la grimace de l'âme, et l'on me fuit pour ma face de pleurs. Reviens, ô mon bon rire, reviens ! Et si quelqu'un te m'a volé, malheur à ce larron s'il vient à m'apparaître avec toi-même entre les lèvres !

Quelqu'un, que ma pluie m'empêchait de distinguer, me dit :

— « Ton rire, poète, tu l'as toujours. Il ne t'a pas abandonné, seulement il a changé d'allure et s'est réfugié parmi tes larmes. Et c'est au fond la même chose en ce Pays des Peines où la félicité ne fut jamais qu'un deuil porté en rose. Ton rire était une larme travestie, comme ta larme est un rire masqué. Car c'est toujours de la douleur qu'on vit, la joie n'étant qu'une douleur exaspérée jusques à l'hystérie. »

Et je trouvai cela si spécieux que je me pris à *rire aux larmes*.

CRUCIFIEMENT

A Cœcilian.

Bruxelles, avenue des Villas, 4 avril 1895.

Une petite croix de bois noir sur laquelle lamma-sabacthanise un christ de plomb append au mur de la chambre familiale.

Miroir salutaire où s'amendent, aux heures malignes, mes laideurs morales, ce Jésus nous a de Paris suivis en exil entre le savon et la poudre de riz ; on y tient comme à un brin de patrimoine ; et puis, alors que mon fils cadet Lorédan n'aime encore que son biberon brandi en sein arraché à une amazone qui serait de verre, Cœcilian, son frère, de deux ans plus âgé, s'est pris d'amitié pour l'icône qu'il traite en poupée.

Afin de prévenir ses pleurs, à la longue il m'a fallu décrocher le crucifix et le confier à Cœcilian, qui le dorlote avec des histoires, le mouche, l'enjuponne de chiffon, l'installe dans sa minuscule charrette de sapin pour un tour au jardin où saigne la groseille et lui demande : « as-tu bobo ? » quand, au détour prompt de l'allée de graviers, le convoi bascule et tombe — hélas, plus de trois fois !

Tout à l'heure un incident tragique.

La chère image, Lian l'a par mégarde laissé choir du rez-de-chaussée aux offices du sous-sol, par la cage de l'escalier.

Je bondis vers les cris puérils.

La croix en deux, le christ décloué et tordu, le joujou sacré gît sur les dalles, en bas, parmi le trop-plein d'eau boueuse repoussée de la buanderie dans le couloir par le balai à serpillière.

— « Petit Zésus bobo ! » brame le désespéré manneke.

Le consoler, comment ?

— « Guéris-le, papa, guéris-le vite ! »

Je descends recueillir l'auguste désastre et m'apprête à le réparer de mon mieux. Approvisionné d'une éponge, de clous de tapissier, d'un marteau, d'un canif, me voici travaillant sous la giboulée de mon fils anxieusement penché sur moi.

D'abord je rétablis le malléable dieu recroquevillé en scarabée foudroyé, j'étire les bras et les jambes, je repenche la tête historiquement, puis je lave le divin visage et, comme la plaie du flanc est gavée de boue, j'ôte la menue motte avec la pointe du canif.

Maintenant je cloue.

— « Tloue bien, papa, tloue bien ! »

Le moindre jappement du marteau provoque un hoquet d'allégresse dans la gorge de Lian qui me passe, un à un, les clous légendaires.

Là, vraiment, j'applique à recrucifier le
Sauveur une maîtrise dont je m'ignorais ca-
pable, aussi bien présumé-je une telle science
innée à l'homme et ne suis-je pas éloigné
d'accorder à chacun le talent de savoir, à ses
heures et sans apprentissage, « tourmenter
le divin », puisque moi-même, poète inha-
bile, je me découvre inopinément des doigts
dont on dit qu'ils sont de fée. Les paumes
nazaréennes sont reclouées mieux que *dans
le temps* ; quant aux pieds réunis, le travail
est à ce point parfait qu'on croirait *y être* et
que cela tire à mon naïf complice des fusées
d'admiration. En outre je crois bien — hallucination ? — que, à chaque coup, là-haut
soupirait la Mère aux Sept Douleurs.

Oh ! le spectacle fut aussi complet qu'au Calvaire ! Nul détail omis, pas même les jurons
jaillis de la fatigue — est-il en effet rien de
plus pénible que les besognes délicates, disons de réduction ? — et certes j'ai blasphémé
comme un centurion de César.

L'atavisme enchaîne la vie et, sans doute, les hommes, eûmes-nous chacun quelque ascendant au Golgotha.

On a *ça* dans le sang.

Ne crucifie-t-on pas la Beauté tous les jours ?

Et l'éternel enfant Humanité s'amuse à ces drames énormes.

ARC-EN-CIEL

A Maurice Beaubourg.

Par les sept rues aboutissant à ce carrefour vinrent, au même instant, me sur-
prendre les sept Jeunes Hommes qui, sur
toutes choses, font à mon aînesse l'honneur
de la consulter.

La brusque invasion de ces éphèbes étran-
gers l'un à l'autre, dont je prévoyais le
heurt regrettable, me trancha l'haleine en
plusieurs; heureusement, avant que leur
bouche et que leurs orteils ne se trouvassent
à la limite du salut réciproque et de mes
oreilles, la brise secourable m'offrit certaine

ganse qui, fort à propos, corrigea la panique
de mon sein.

Sitôt réduit à sa plus simple expression le
cercle humain dont je devenais le centre, les
sept Jeunes Hommes profèrent à l'unisson
la phrase appréhendée, caméléon de verbe
dont la queue devait par sept fois varier :

— « Maître, j'ai reçu touchant Dieu ton
opinion...

(Et chacun d'adjoindre son épithète,
le premier : violette !
le second : indigo !
le troisième : bleue !
le quatrième : verte !
le cinquième : jaune !
le sixième : orangée !
le septième : rouge !) »
Dès ces couleurs exprimées par les sept
langues ensemble, mon oreille dut avoir un
tantinet l'aspect d'une palette sur laquelle
un peintre aurait pressuré les sept tubes
d'icelles.

Au groupe ç'avait produit l'effet discordant des sept notes de la même gamme plaquées par une patte d'ours ; aussi les sept Jeunes Hommes s'entre-regardent-ils, ahuris de sept solutions données à un problème tel et de ceux qui passent pour n'en souffrir qu'une, et des plus nettes encore. Leurs yeux ne tardèrent pas à converger vers celui qui leur devait apparemment signifier l'Hypocrisie.

Je jugeai décent de dissiper le malaise :

— « Jeunes Hommes, si ordinaire qu'elle puisse paraître aux contemporains, je n'en suis pas moins, ainsi que d'ailleurs tout poète d'exemple, une lumière absolue (soit dit sans mesquine vantardise !), lumière issue de l'ignorance ou de l'inconscience petit à petit pour enfin de grade en grade s'affirmer comme à la longue s'affirme, issue du chaos ou du hasard, la fleur. En vérité sont des absolus tels esprits singuliers, mais il y a l'absolu qui passe et l'absolu qui reste ;

celui-ci participe de tous, celui-là relève d'un seul, et l'absolu qui reste résulte de la dîme du meilleur prélevée sur les absolus qui passent. De vous, disciples, il adviendra mêmement que de moi, avec cette différence que ma lumière est née d'une énergie douloureuse et que votre lumière jaillira partiellement de la mienne sans les peines de naître et de s'imposer, épargnées que vous sont les misères de l'origine. »

— « Maître ! » balbutia l'émotion des sept Jeunes Hommes.

— « Vous n'êtes pas vous-mêmes encore, mais un peu de moi-même chacun déjà. Évoqués, sachez agir désormais, et puissent vos lumières dépasser leur mère ! Que ma fractionnaire parcimonie soit taxée de prudence, non d'avarice : vous éclairer pleinement et tout d'un coup vous eût aveuglés plus qu'un jet de poivre. En vos curiosités préludives j'ai semé l'efficace grain de vérité qui siéyait à chacune au lieu de la vérité tout entière, cet épi de vérités. Ce que vous êtes je le fus à telles enseignes que je regarde en arrière quand je vous regarde. C'est pourquoi, sues vos faiblesses respectives, je tins compte de l'individu, me plaçant à son point de vue et, pour lui épargner un viol stérile, lui servant le seul idiome qu'il fût susceptible de comprendre au seuil du mystère. Si je n'avais respecté le sillon personnel, mon grain eût été caillou. Ma prudence au surplus désira ménager des ailes à votre initiative. A l'élève il faut laisser le don de deviner, le pouvoir de se devenir. Créons-nous avant de rien créer. Vous n'êtes donc qu'orientés sur la voie nouvelle. Mon devoir sera le vôtre aussi, le poète ayant mission d'illuminer ses cadets qui plus tard illumineront les leurs : légende du flambeau toujours plus pur que l'on se lègue de main en main. »

— « Ame d'évangile ! » clamèrent-ils, s'offrant.

J'étreignis volontiers mes petits courtisans.

— « Je m'imagine que m'environne un prisme dont chaque facette exprime une de mes sept couleurs. A moi seul je suis vous tous, à vous tous vous êtes moi seul. Votre assemblée provoque le tendre pleur de remembrance, car je revois en vous les étapes de mon soleil épanoui, l'éparpillement anticipé de ma raison consolidée ; vous êtes mes lueurs éparses, mes tentatives, mes ahans, les faiblesses dont je suis la force, les chiffres dont me voici le total. Vous l'analyse, moi la synthèse. Présent un où persistent des bribes de passé, je ne suis moi-même qu'une parcelle de l'avenir un où persistera quelque chose de mon présent réduit en miettes. Le poète d'aujourd'hui, ce n'est que l'atavisme du poète de demain. Amis que je vais quitter pour la Solitude, à vous, maintenant que vous vous connaissez, de vous étudier les uns les autres et de greffer les couleurs voisines sur la vôtre ; puis, ces couleurs, de les transformer, de les parfaire, de les améliorer, de les originaliser. Ainsi vous deviendrez à votre tour lumières absolues. »

Les Jeunes Hommes s'étant pris par la main, je crus à sept morceaux, agrafés, de ma Statue symbolique brisée.

— « Adieu, enfants! J'appelle vivre : construire son propre bouquet. Allez donc conquérir les six fleurs de clarté qui manquent à votre règne définitif! »

On allait se séparer lorsque, par les sept rues, s'avancent sept Jeunes Femmes !

Mes maîtresses !

Désignant à ceux-ci celles-là, je dis :

— « J'ai agi sur leurs âmes analoguement. Je leur montrai le vice ou la vertu de moi-même correspondant au vice de telle d'entre elles ou bien à sa vertu (quand je ne simulais pas le vice et la vertu concordants), afin, satisfaisant la nature de chacune, de me rendre possible et de parvenir d'une façon droite ou subreptice à les connaître. »

Curieux, les sept Jeunes Hommes courent
au-devant des sept Jeunes Femmes et de-
mandent :

— « Que vous semble notre maître ? »

Mes maîtresses de répondre,

celle à la robe violette :

— « Un morose !

celle à la robe indigo :

— Un naïf !

celle à la robe bleue :

— Un sage !

celle à la robe verte :

— Un drôle !

celle à la robe jaune :

— Un sganarelle !

celle à la robe orangée :

— Un malin !

celle à la robe rouge :

— Un fol ! »

Les regards de stupéfaction des deux groupes
furent à ce point les tisonniers de mon rire
sous la cendre qu'il incendia le carrefour.

Puis, soucieux, les sept Jeunes Hommes :
— « Adieu, maître, nous rentrons médi-
ter dans nos chambres ! »

Pensant que la trahison des matrices aide-
rait à leur science, je leur suggérai d'em-
mener mes sept maîtresses.

Le Jeune Homme à l'opinion violette offrit
son bras à la Jeune Femme à la robe violette, et l'imitèrent les six autres Jeunes
Hommes.

Leur partance m'évoqua les débris de ma
Statue emportés par des larronnes...

Comme ils allaient disparaître sur la route
future, les sept Jeunes Hommes se retour-
nèrent :
— « Où et quand nous donnes-tu rendez-
vous, maître ? »
— « Dans sept ans, au square des Oli-
viers ! » répondis-je, les mains en porte-
voix.

— « Nous ne manquerons pas d'y venir
t'embrasser! »

J'y compte bien.

Paris, mai 1890.

SOUS LE CARILLON DE BRUGES

PRIÈRE A LA SAINTE URSULE DE MEMLING

Dire li on di plan tchi ping dire lang, souris, carillon ; Mooris Maeterlinck est le prince de Gand ! Dire li an di plon tchi pang dire ling, muse, carillon ; le roi de Bruges, c'est Memling !

— « O la si blanche fée de l'hospice aux murailles anciennes, ô la si blonde vierge de la châsse aux couleurs de miracle et fines lignes d'infini, ô la si bleue voisine de la mystique épouse du triptyque, ô la si frêle sœur de Mélisande et de Maleine, sainte Ursule de nacre, poupée du ciel, image du génie, sainte Ursule, ange et gardienne de la cité morte, vois, un poète en détresse t'apporte son âme éprouvée par les péchés du monde, afin que, ce corbeau lavé dans ta caresse de colombe, il puisse, pèlerin joli, retrouver du sourire aux choses de la route et, l'œil frais, le front clair, la foi solide, aborder l'œuvre farouche qui l'espère en les antres sacrés de la Forêt féconde ! »

Dire li on di plan tchi ping dire lang, souris, carillon ; Mooris Maeterlinck est le prince de Gand ! Dire li an di plon tchi pang dire ling, muse, carillon ; le roi de Bruges, c'est Memling !

Bruges, 3 juin 1895.

LE VAL DES BAISERS

A Mⁱˡᵉ Cora Laparcerie.

Ce val solitaire, que le Temps au masque
double a dès longtemps abandonné, son pro-
gramme de ris et de pleurs accompli, ce val
ruineux, village et campagne, semble jeté là
en reliefs de festin pantagruélique dont ces
desséchés vergers seraient les os, ces logis
éventrés les carcasses, ces buissons les arêtes,
ce manoir lézardé les bribes de gâteau.

Mais, à des riens de charme fanés, épars
sur ce vaste chagrin, il est perceptible qu'ici
la joie dansa le menuet.

Il me plaît de courtiser les baisers d'autrefois, car les baisers permanent d'évidente façon, papillons subtils, le baiser étant de ces choses qui ne meurent jamais absolument, — parce que d'éternité.

Et, dans ce fouillis de ruines, ma sensibilité au fin museau de chienne se faufile...

O ces baisers, tous ces baisers !...

Il en est de tout bas, de plus élevés, de progressivement plus hauts, d'autres hauts aussi mais un peu penchés, suggérant les joues de bébés, les joues d'adolescents, les joues de fiancés, les joues d'époux, les joues de vieillards qui les reçurent, — en outre je devine presque la bouche pâle ou rose qui les offrit.

Sur tel seuil, deux baisers accouplés signifient que lèvres à lèvres deux êtres s'unirent ; céans, des baisers à foison, traduisant le dessin horizontal des corps, visibilisent quasi dans leur forme plénière des amants étendus où s'élevait un lit.

Dans ce qui fut un grand moulin sur la

rivière aujourd'hui tarie, des essaims de baisers pointillent le Temps de dates familiales,
et c'est comme des constellations indiquant
des noëls, des jours de l'an, des naissances,
des noces, des jubilés, des pluies de fortune,
des orgies de moissons ou de vendanges...

Sous cette treille desséchée à même ce pan
de logis déchu — veines sur un cou de vieille
— voltigent des baisers ardents durant la jeunesse qui, le couple à la longue lassé, se
transformèrent en baisers d'amitié échangés
seulement aux anniversaires de tradition.

Derrière toutes les haies je reconnais (car
les baisers ont de l'individualité), je reconnais d'innombrables baisers de la même bouche,
baisers donnés à des joues diverses, et je
conclus à quelque beau gars embrassant
toutes les filles du village.

Sur une place de tilleuls, des baisers à hauteur d'êtres se nougatisent en courbes har-
monieuses. A suivre les scansions variées il
m'est aisé de rétablir des pavanes, des valses,

9*

des gavottes, des rondes, des farandoles, d'où il appert que c'est ici la place aux danses dominicales, — d'ailleurs voici, défoncé, le tonneau sur quoi devait opérer le ménétrier.

Parmi le chemin de l'église paroissiale aux niches effarées d'herbe folle et de saints cassés, une procession de baisers pas plus haut que ça, comme faits en agenouillement, tas de baisers sur un même point, telle une quantité de sceaux superposés sur un même timbre : ce sont les baisers donnés par les fidèles à la bague du Pasteur violet évidemment venu pour la confirmation, et je perçois, à la table sainte rouillée du chœur effondré, comme un feu d'artifice de petites gifles sur des émotions de cire.

A travers le val, j'erre toujours, et maintenant c'est le deuil, le drame, l'infamie.

Çà et là dans l'espace, des baisers prompts, en traînée de flèche, envoyés de la main à des cœurs en partance.

A la croix du carrefour — promises et
conscrits — des baisers d'adieu autour desquels je m'imagine ouïr du tambour et, moins
nombreux, des baisers de retour, car de la
guerre on ne revient pas tous.

Là, sur le bord de l'étang lépreux cloué de
têtards, m'apparaît un tragique buisson de
baisers éperdus, baisers en fraises écrasées,
aussi larges que des lèchements de langue de
bête en délire, caresses enfin. Peu à peu,
la forme essentielle du buisson se divulgue, et
c'est un enfant qui gît par terre, près des joncs,
— l'enfant de l'éternelle histoire. vous savez,
celui-là qui se noie et que sa tardive mère
en train de rire à la lessive accourt enlinceu-
ler de ses premiers cheveux blancs de folle
soudainement poussés ! Quelque école man-
quée pour attraper une grenouille, n'est-ce
pas, et voilà que tout à coup le pied glissa
dans la vase sournoise, — et ç'avait dû faire,
hélas ! des milliers de ronds de bulles sur le
petit, couronnes de perles d'air !

Un peu partout geignent des baisers suprêmes au fond d'antiques lits clos.

Dans les taillis hypocrites, je démasque des baisers obscènes; une grange m'avoue les baisers d'adultère cueillis par le valet de ferme sur l'épouse du maître en allé à la foire voisine; au mitan de ce champ de coquelicots, regardez ces baisers de soldats d'invasion alors que les violées miraient leur épouvante heureuse à même le sabre vainqueur.

Enfin, en un ravin sombre, à l'écart, je rencontre un baiser de Judas.

Et d'en induire que ce val fut une réduction de la Vie, — qu'on y aimait, qu'on y trahissait, qu'on en partait, qu'on y retournait, qu'on y jouissait, qu'on y souffrait, qu'on y mourait.

VERLAINE LE PATRE

Au Dr Dechesne,
Bourgmestre de la ville de Saint-Hubert.

Au cœur de la légendaire forêt des Ardennes
luxembourgeoises en Wallonie j'habite, dans
le solitaire Val de Poix, une antique demeure
aux épaisses murailles que les gens du pays
nomment indifféremment Château d'Arville
parce que plus monumentale que les logis
d'alentour, ou bien Maison des Forges à
cause que bâtie au siècle dernier par les
moines forgerons de l'abbaye de Saint-Hubert
que dissipa la Révolution, ou bien encore
Maison Brûlée par suite d'incendies divers.

A une époque donnée il sied à l'homme

drossé par les tempêtes de la vie d'entrer dans la forêt comme dans sa conscience agrandie, aux fins de s'examiner au miroir du silence et de heurter ses torts et ses raisons pour en tirer l'étincelle du mieux; ensuite le poète est un être que la recherche de l'universelle Beauté rend *épars*, il lui importe donc de quelquefois *se rassembler* s'il veut partir « entier » vers des œuvres durables.

Ici je parachève ma *Dame à la faulx*, entre les coups d'archet du vent sur les futaies enveloppantes et le croassement des corbeaux analogues, parmi les rares rectangles d'avoine fauchée, à de sveltes veuves. Et c'est une féerie constante ! Dans le bois de jeunes bouleaux, dont le tronc suggère une jambe de page, des lièvres assis et hauts comme des danois regardent le songeur aux longs cheveux qui passe pacifique; parfois, à l'aube, une biche allaite son faon là-bas sur le versant des sapinières de Waroqué, tandis que, légers ainsi que des insectes, capriquent

des chevreuils ; le dimanche au retour de la
messe, la semaine au retour de l'école, mes
deux fils gambadent sous ma fenêtre avec les
sept enfants de mon unique voisin, Tarte, le
garde forestier ; et nos heures se succèdent
dans le cercle vigilant de Marmotte, chienne
familiale. — pendant que passent des pèle-
rinages...

Quotidiennement un vieux pâtre d'Arville,
naïve commune de laquelle je dépends,
amène sa génisse et ses deux vaches — la
Blanche, la Rousse, la Cabolée — paître aux
pieds de ma demeure, au bord de l'Eau-Noire,
rivière corselée d'aulnes au feuillage sombre,
échevelée de libellules smaragdines, prompte-
ment paraphée d'une truite emperlée de sang
qui sort de la pierre ronde et lisse comme d'un
sein de jeune fille après le crime le poignard.

Ce pâtre, d'une minceur de bise, la mine
renardine et framboisée de la race ardennaise, est l'ami de la maisonnée.

Mon fils aîné Cœcilian, que le vieillard gâte avec du pain de seigle tartiné de myrtille ou de lait caillé et des houlettes taillées dans le noisetier, l'appelle : mon camarade !

Nous aussi.

Ce matin de givre, laissant ses bêtes brouter les courtes herbes d'automne qu'on dirait de verre, notre camarade est entré se chauffer au foyer de la cuisine où pend le lard d'un porc nourri de petit-lait, de patates, d'épluchures de betteraves, et boire la « jatte de café » qu'Amélie, ma compagne jolie, lui prépare à la française, sans chicorée.

Il adore deviser d'antan au coin de la flamme.

Avant que je ne l'eusse interrogé sur une absence de quatre jours, le pâtre m'apprend avoir enseveli l'avant-veille un de ses frères.

— « Encore un du nom qui s'en est allé au grand jardin ! » soupire-t-il.

Par déférence plutôt que par curiosité de
ce nom sans doute obscur, je demande d'une
voix blanche :

— « Votre nom, quel est-il, camarade ? »

Et mon hôte, sur un ton de cérémonie :

— « Jean-Hubert-Joseph. »

— « Mais celui de famille ? »

— « Pour ça, je suis un Verlaine. »

Je tressaille.

— « Si fait ! Verlaine. Demandez. Je suis
le vieux Verlaine. »

— « Verlaine ! »

— « Vous ne me croyez mie ? » cocorique
l'homme vers mes prunelles éblouies.

— « Certes oui, camarade ! Mais ce nom
m'a produit une impression singulière tombé
de vos lèvres. »

— « Ah ! »

— « Vous ne pouvez pas savoir. »

— « Vous ai-je fait de la peine ? »

— « Loin de là ! »

Tout à coup, tel un battant les parois de

bronze, une phrase de Paul Verlaine frappe mes tempes :

Au pays de mon père on voit des bois sans nombre,
Là des loups font parfois luire leurs yeux dans l'ombre
Et la myrtille est noire au pied du chêne vert.

Le poète d'*Amour* voulut apparemment parler de Paliseul, canton lointain, là-bas, d'accord! néanmoins des hypothèses m'envahissent. Poussé par un démon ami, je m'assieds en face du pâtre, genoux contre genoux, et brusquement :

— « Camarade, vous plairait-il me conter votre famille du plus loin que vous pourrez? »

— « Volontiers. »

Nouant ses sourcils comme s'il eût croisé les ailes de sa mémoire, il sonda plus avant que le siècle, et il semblait avec les grumeaux d'un fromage de chèvre servi par Amélie donner la becquée aux hirondelles de souvenir à mesure évoquées.

— « Mon bisaïeul, le premier Verlaine dont je sais, arrive de Braz, une paroisse près de Saint-Hubert. Après avoir suivi les armées françaises en « chef de chariot », il se fixe à Arville et devient propriétaire de la ferme dite Cour Picard. Elu franc-fief et donc dispensé de la dîme par le grand abbé de Saint-Hubert, il devait parader à la messe en uniforme, sabre au clair, une fois le mois. Il y avait comme ça six francs-fiefs ou grands-fiefs, je ne sais plus comme, qui tous les six se rangeaient dans le chœur face le bon Dieu. Pour ce qui est du lit, mon bisaïeul épouse une Henrion, qui lui donne une fille et deux fils, Michel et Henri. Michel épouse la plus belle femme des Ardennes et en a deux enfants, dont l'un, François, est mon père. Henri, lui, a deux filles et un fils, Auguste, qui, par la suite, devint en France capitaine du génie. »

— « Capitaine du génie ! » coupai-je, tendu.

— « S'il vous plaît ? »

— « Rien, continuez. »

— « Cet Henri étudie chez les moines. On veut en faire un moine, mais va te faire foutre ! le garçon est un jouisseur, un indépendant. Il en sait bientôt plus long que les maîtres, qui prient ses parents de le reprendre. Revenu à Arville, il mène une vie de polichinelle. Les vieilles filles se le rappellent. Ça est le boute-en-train. Il dirige les bals hebdomadaires, fait les cent dix-neuf coups, boit du pecket à tire-larigot et quand il a bu, voilà des sortes de crises de folie dont le lendemain il ne se souvient pas. Un beau jour, il s'installe notaire à Biétrix, mais il se ruine et reste avec deux ou trois vaches et un cheval pour labourer. De plus, sa femme était dépensière. Si bien qu'ils s'endettèrent et que finalement leur patrimoine est vendu. Alors Henri travaille comme journalier et finit avec une carrière de sable qu'il débite pour faire le ciment de la maçonnerie. »

— « Quasi, toutes distances gardées, le

portrait de *l'autre!* devançai-je instinctivement à part moi.

— « Pour quant à son fils Auguste…»

— « Le capitaine du génie?»

— « Si. Pour quant à Auguste, il eut un
fils unique. »

Un frisson me traverse. L'instant est solennel pour moi. Anxieux, j'interroge :

— « Le nom de ce fils?»

— « Paul. »

Je sursautai, criant en plein visage du
pâtre :

— « Paul! c'est cela! Paul! j'en avais le
pressentiment! Paul Verlaine! un des plus
glorieux poètes de France!… »

— « S'il vous plaît? »

— « Bref… Un très grand homme! »

— « Ouais, Paul n'était point si grand
que ça! »

— « Si vous préférez, un écrivain célèbre. »

— « Espérez un peu!… Ça serait-y donc
pas la chose que contait une fois not'secré-

taire communal qu'est un homme de papiers ?... Il avait lu ce nom dans un journal de Paris : « Il y a, disait-y, en France, disait-y, un personnage distingué, disait-y, un premier orateur, disait-y, un monsieur dans les célèbres, disait-y, du nom de Verlaine, disait-y, et serait-il point de la famille ? disait-y ». Que non fait ! j'ai répondu. Nous sommes des petites gens, non des grands esprits, voyez-vous. Le secrétaire n'en a plus reparlé. Voilà tout. »

— « Eh bien, à telles et telles indications, je crois pouvoir vous affirmer, mon cher camarade, que mon poète et votre Paul sont une seule et même personne.

— « Jésus-Maria ! »

— « Le poète est, à n'en pas douter, votre parent. »

— « Dame ! mon grand-grand-père est le grand-grand-père de Paul. Michel, mon grand-père, et Henri, le grand-père de ce Paul, étaient deux frères. Auguste, père de ce

Paul, et François, mon père, étaient cousins germains, ce Paul et moi nous sommes donc « sous-cousins germains. »

Il y eut un moment d'extase comme à la découverte d'un trésor.

J'observe l'homme fruste aux yeux fleur de bruyère. Son air signifie : quel honneur tout de même si *quelqu'un* était sorti du sang ! Peut-être aussi de la méfiance envers moi. Par Bruxelles, pays de la zwanze, n'arrivé-je pas de Paris, pays de la blague ? Et je discerne encore une façon de peur, — la peur latente du génie, que les simples appréhendent à l'instar du crime, sans comprendre... Toutefois, degré à degré, l'atmosphère se transpose, et tout avec elle. De par la magie du sang (car, en somme, n'a-t-il pas quelques droits à la *résultante* de sa race, mon hôte ?) le pâtre m'apparaît mon égal, que dis-je ! mon supérieur. Ma trouvaille l'a, en quelque sorte, haussé sur un piédestal. On s'épie de puissance à puissance, la mienne étant la moindre.

Et Amélie et moi nous en venons progressivement, elle à apporter à notre hôte une serviette du service de luxe, moi à jeter du seuil
un condescendant regard au troupeau oublié,
troupeau que, Dieu merci, surveillait mon
fils à la houlette flexible.

Je poursuis :
— « L'avez-vous vu ? »
— « Qui ça ? » fait le pâtre en sursaut.
— « Paul... monsieur Paul. »
— « Une fois, une seule, il y a trente
ans, à Paliseul, chez la colonelle Granjean,
not'parente en ce sens que le colonel avait
marié sa « neveuse » à Auguste. J'arrive et
je dis comme ça : « Je suis le fils à François ! »
Alors la tante me présente à Auguste, le capitaine du génie, qui me présente son fils Paul : un
étudiant dans les seize ans, sans barbe, vêtu en
bourgeois, très maigre, et les mains blanches
d'un garçon qu'est aux écoles. On se tombe
dans les bras et on se donne une bonne baise. »

— « Oh, cette fois, le doute n'est plus possible !... La colonelle... le capitaine... l'âge de l'étudiant... Paliseul et le reste... On peut d'ailleurs contrôler dans ses *Confessions :* votre sous-cousin germain et l'illustre poète français ne font bien qu'un ! »

A cette affirmation décisive, une suée endiadème le pâtre et la pommette de ses joues s'allume en sorbe de grive. C'était trop visiblement, comme ça, tout d'un coup. Pour sans doute avaler une salutaire bouffée d'air, il se dirige vers la porte et crie machinalement : « Ici, la Rousse !... ici, la Cabolée !... ici, la Blanche !... » Les bêtes ont dû s'avancer, j'ouïs le jet de vapeur des naseaux. Et je présume que le pâtre les veut faire assister à l'événement afin qu'elles se puissent dire le soir sur la litière de genêt : « Eh! eh!... nous n'avons pas un maître ordinaire. »

Je suis allé chercher un volume de Verlaine, le *Choix de poésies* de chez Charpen-

tier, que je mets entre les mains du pâtre,
de nobles mains au dos desquelles les veines
très en relief serpentent ainsi que des orvets.
Lui ayant annoncé que c'est plein de merveilles, il ouvre le livre mêmement qu'une
cassette à bijoux. Ne pouvant le lire sans
besicles, il l'interroge de ses doigts, on dirait
qu'il soulève des strophes comme des colliers
et des chaînes d'or, il caresse certains titres
ainsi qu'on caresserait des pierres précieuses,
et je participe si bien au mystère que les
lettres noires en arrivent à scintiller physi-
quement pour moi-même.

Grave, il murmure :

— « Paul et moi nous sommes les deux
chefs au même degré du nom de Verlaine,
seulement lui est un grand monsieur de Paris, et moi un paysan, un petit rien-du-tout
de la forêt des Ardennes. »

Puis, me rendant le livre :

— « Cré nom di Doum ! il doit être riche,
hein, lui ?... »

— « Heu… couci… couça !…. » balbutiai-je,
en la répugnance de détruire aux yeux de
l'homme simple, pour qui l'or est le critérium du mérite, le prestige du poète, — de
Pauvre Lélian.

Vite, j'accroche une diversion :

— « Le reverriez-vous volontiers ? »

— « Ah ! la kermesse de tous les diables,
s'il venait !… Mais qu'il vienne donc tout de
suite !… On se mettra nos plus beaux habits
pour lui faire honneur. Presque tout le monde
est un peu de la famille ici, ça en serait des
baises et puis des baises. Voyez-vous, la
famille Verlaine s'est cassée en deux : une
moitié s'en est allée là-bas qui ne connaît
pas l'autre — entre parents, on est comme
des morts — mais vous pouvez m'en croire,
c'est ben d'ici, c'est ben d'Arville que partent
les Verlaine. Ah ! qu'il vienne donc, le Pari-
sien !… Ce jour-là, tenez, mes vieilles jambes
escaladeront le clocher d'Arville et je sonne-
rai moi-même le branle-bas. Avec ça qu'il

serait bellement reçu à l'auberge Paquet-Verlaine : lapins, lièvres, chevreuil, cerf, sanglier, s'il vient au temps de la chasse, jambon fumé, tartes de farine de froment aux œufs et au lait, confitures de fraises et de framboises des bois, et du genièvre et de la bière du pays à pisser partout, enfin, tout ce que nous aurions, do ! Ah ! Jésus-Maria, qu'il vienne voir la maison paternelle — vous savez, la maison à vieille porte, à deux coups de carabine de la mienne — qu'il vienne voir la maison des deux grands-pères ! »

Emu, le pâtre cherchait à rattraper sa salive et à retenir deux larmes.

— « Cher poète, pensais-je, viendras-tu jamais embrasser le bon pâtre d'Arville ? Viendras-tu jamais boire le lait de son troupeau dans la maison familiale où mourut ton bisaïeul, celui-là qui servait sabre au clair la grand'messe de Saint-Hubert ? »

— « Ecrivez-lui, Monsieur, écrivez-lui. »

— « Je ferai mieux. A mon prochain voyage

à Paris, j'irai le voir et peut-être le décide-
rai-je à un voyage aux Ardennes. »

— « Auguste nous avait promis de venir.
Il est mort, voilà des temps. Je voudrais que
son fils Paul viendrait avant de mourir, car
cette maison à vieille porte ça est le vrai
berceau des Verlaine. »

— « Le berceau des Verlaine... »

— « Mais qu'il se dépêche, Monsieur. Je suis
le plus vieux des Verlaine, et l'on n'a pas la
vie des chênes. A preuve qu'il a peu fallu
l'autre jour que j'aille au grand jardin, savez-
vous ! Oui, là, j'avais conduit une de mes
vaches au taureau, n'est-ce pas, alors le taureau, n'est-ce pas, a failli m'éventrer d'un
coup de corne, oui, do ! »

— « Le berceau des Verlaine », me ré-
pétais-je.

— « Ah ! pauvre berceau, en a-t-il vu des
drapeaux de toutes les nations ! On a été Français sous Napoléon, puis Prussien, puis Au-
trichien, puis encore Français, puis Hollan-

dais, enfin Belge. Pas toujours heureux, ça
non. Tenez, sous le roi Guillaume de Hol-
lande, on devait payer pour tuer son veau ;
et pour moudre un quartel de grains, c'est-
à-dire deux mesures, de quoi faire six ou
sept pains, fallait verser soixante centimes.
Mais, en 1830, ça est la révolution à Bruxelles.
Vous pensez si nous étions furieux contre les
Hollandais ; ici on criait : « Vivent les Belges !
à bas Guillaume ! » Et quatre gars montèrent
planter le drapeau, le nôtre cette fois, au clocher du village. Soixante-six ans qu'on est
Belge, mon brave monsieur ! »

Et il me narre un tas de choses encore sur
la famille du poète ; ceci, entre autres, qui
me fait lever l'oreille et m'éclaire sur le mys-
ticisme de Paul :

— « Il y a eu sept prêtres dans la famille :
trois curés Henrion (un Henrion, grand-grand-
oncle de Paul, fut même curé d'Arville), deux
curés du côté de notre grand'grand'mère Gil-
let, puis un Nicolaï et un Hubert... »

Ainsi cette généalogie porte sept ecclésiastiques sur ses branches, et je rapproche ce détail du portrait d'Henri, l'aïeul, dont la jeunesse est une constante hésitation entre la chapelle et la taverne, avec parfois un panache d'ingénue folie. Au demeurant, l'ensemble de ses ascendants contient en germe presque toutes les composantes du merveilleux poète : esprit d'indépendance, culte de la patrie, religiosité naïve, amour des bois... Un grand homme n'est en somme que l'*apothéose* de sa race. Et je m'attriste à l'idée que Paul Verlaine ignore sa famille d'Arville comme celle-ci la part d'immortalité que lui vaut son parent.

Voici l'heure de l'étable.

Notre hôte se lève.

On boit une « grande goutte » de hasselt vieux-système à la santé de l'*absent*, puis les mains s'agrafent pour l'adieu.

Il sort, reçoit de la houlette de Cœcilian

son troupeau, jette un dernier à-revoir et regagne le plateau d'où il redescendra plus loin vers le village.

Je le vois qui s'engage dans le bois de bouleaux en pente, stimulant ses bêtes dont le mufle courtise les touffes çà et là, — et bientôt la double épaisseur des rameaux défeuillus du sentier se referme sur le pâtre et son troupeau comme la couverture d'un livre sur un poème bucolique.

Arville, premiers jours de novembre 1895.

★

Paul Verlaine, sa mort vêt de deuil la Beauté.

Il règne une angoisse éparse. Dirait-on pas que les choses savent et que les pierres elles-mêmes recèlent un cœur ? La Nature a de manifestes entrailles de mère qui. par ses multiples vies, se désole quand trépasse l'un des siens ; alors, tout là-bas, au vent du désert, doit pleurer un lion, comme plus loin encore, aux confins du monde, la moindre petite plante doit saigner, tandis que dans l'insondable immensité glisse une étoile qui jamais plus ne sourira.

Je chausse mes bottes, saisis mon bâton, et me voici dans la direction du village.

Derrière les nuages le soleil dissimule ses ors de joie. Recroquevillée, la forêt geint sous ses rares feuilles mortes. Une neige dure, comme candie, sur laquelle un moment vire, grise, l'ombre circulaire d'un oiseau de proie, crisse sous mes pas. Trois heures tombent du clocher encore lointain, le son grave se transpose en noir et ce devient un glas ténébreux.

Par le sentier des couleuvres j'aboutis au plateau où les soudains éclats de verre de la bise m'égratignent la figure.

Du faîte, le village d'Arville, d'une puérilité de jouet de Noël, prend, au creux de la vallée, la majesté d'un Bethléem.

Mon ami, le pâtre, que ces temps-ci l'hiver empêche de sortir, jongle avec sa mémoire derrière sa vitre close.

La bise faisant rage, il m'invite de l'intérieur :

— « Entrez prendre une *poignée de feu*. »

Sa femme étale une ronce sur la braise et

nous avons aussitôt des colorations de forgerons à la besogne.

— « M'apporteriez-vous des nouvelles de mon sous-germain ? »

— « Hélas, mon pauvre camarade ! »

— « Hélas ? »

— « Paul est mort ces jours derniers. »

Je lui tends le *Figaro* où sanglote un article de Maurice Barrès. Il s'en empare sans le lire. L'écrasante nouvelle lui suffit. Toutes les belles phrases de Paris ne feraient point que son parent soit encore.

— « Dieu ait son âme ! »

Nous restons là sans parole, tisonnant du regard les fantasmagories de l'àtre.

Et je me sens tout contrit, et je m'accuse presque d'avoir, en attisant une parenté sous les cendres depuis des temps, infligé comme un deuil supplémentaire à ces pauvres gens.

Une ambiante hostilité m'envoûte de sa frêle chape d'épines et les larges prunelles de la femme, sourde, mais que notre mimique a renseignée, pèsent sur moi — innocemment.

Peu à peu, Dieu merci, se désagrège le bloc de silence, on finit par comprendre que « ça n'est pas de ma faute », et puis ma qualité de poète ne me vaut-elle pas ici un titre de fraternité? Je devine, à l'attitude des deux vieillards, que je deviens de la famille insensiblement, on fait enfin trois parts du gâteau de deuil, — et la paix se symbolise par le bol de lait que m'apporte la ménagère.

Alors chez le pâtre c'est un flux de souvenirs qui déferlent sur ma sensibilité à menues vagues pressées...

La nuit menace.

Je m'arrache aux gentillesses de mes amis.

De la crèche où ruminent la Rousse, la Blanche et la Cabolée s'élève un meuglement triste qui me poursuit jusques au plateau.

A travers bois je songe ainsi :

— « Pour justement apprécier l'intime de
Verlaine il faut, à mon sens, le lire ici,
parmi sa race. Le meilleur de son œuvre
réside là où il est *brebis* et encore là où il
est *gibier de forêt*. Brebis, c'est-à-dire ingénu ;
gibier de forêt, c'est-à-dire sauvage. Or,
comme Verlaine se manifeste alternative-
ment (voire même à la fois souvent) ingénu
et sauvage, son œuvre n'a pas, à conclure,
de meilleur, tout y apparaissant d'égale bonté.
Le divin poète conserve dans la Ville l'essence
du bercail originel — ô la précieuse brebis
égarée ! — comme d'autre part la Ville lui
devint une sorte de forêt tragique où son
âme allait se divulguer faon, biche, cerf,
chevreuil, renard, loup, sanglier tour à tour,
selon ses états. Toutefois la brebis domine
en Verlaine, et les fauves ne sont, à vrai
dire, que les avatars carnavalesques d'icelle.
Ah ! quels délicieux intermèdes, ces *Fêtes Ga-
lantes*, à cause desquelles la brebis ardennaise
s'aristocratise au parc de Watteau, un ruban

rose au col ! D'aucuns s'étonnent à tort de la conversion finale de Verlaine, si logique cependant ! car, sinon le coupable, qui donc est susceptible davantage de vertu ? L'homme qui jamais ne pécha n'est qu'un rond-de-cuir du Paradis. Le repentir est artiste par excellence. L'assassin marchant à l'échafaud doit, durant les pas comptés de cette marche, recevoir une vision magnifique, totale, absolue de la Sagesse, — et certes, s'il était loisible aux condamnés de matérialiser cette vision sur leur suprême page de vie, gagnerions-nous à chaque coup de guillotine un chef-d'œuvre de plus. Le monde triompherait à une morale émise par des repentis. Et que, littérairement, Verlaine est une gloire neuve ! Hugo viola la poésie férocement en dompteur, Verlaine la dépucela gracieusement en aimeur. Hugo instaura le spectacle extérieur, Verlaine celui intérieur. Hugo écrasa l'individualité sous des pélions et des ossas de choses, Verlaine fit des éléments un piédestal à l'individu et donne la parole à l'âme. Hugo fut un dieu, Verlaine un héros. Que si nous admirons le premier pour sa prodigieuse magie, nous chérissons le second pour son humaine vérité. Verlaine prêche que l'œuvre ait la limpidité de l'eau de roche, la substantialité du lait, la saveur du fruit, les nuances musicales de la brise; mais on lui doit par-dessus tout l'apport du rythme intérieur. Et il est celui qui sut écrire le mot Vie. »

Devant ma porte je croise le garde champêtre d'Arville.

Il apporte un papier pour mon propriétaire, actuellement en voyage.

Il me dit :

— « Soyez assez bon de lui faire assavoir que ça est pour le recensement des bêtes et que ça est le garde champêtre Verlaine qui vous a remis la feuille. »

Et l'homme à la plaque officielle s'enfonce dans les taillis.

— « Verlaine lui aussi !... Verlaine encore !... Verlaine !... »

Rentré au logis, je trouve mes babies en pleurs.

Ils ont dans leur petite tête, m'apprend la maman, que c'est leur camarade qui est mort.

— « C'est vrai, dis, papa doré, demande l'aîné, c'est vrai, dis, que, le vieux pâtre, des méchants messieurs l'ont mis dans le grand trou ? »

— « Non, mignon ! Pas lui, mais son cousin de Paris. »

— « Un pâtre aussi ? »

Mon sourire de répondre :

— « Un pâtre aussi. »

— « Alors il avait un troupeau aussi, le cousin ? »

— « Certes... un troupeau à sa manière, un troupeau de poètes, lequel hier a suivi le maître au cimetière, bêlant de chagrin, à travers des rues de maisons blanches qui ne sont peut-être que de gigantesques rangées de dents méchantes, car à Paris, vois-tu, il y a très peu de brebis et beaucoup de loups. »

— « C'est donc ça qui gn'y a pus de loups dans la forêt, papa? »

— « Ils sont tous à Paris, mon fils, en représentations. »

Arville, 12 janvier 1896.

ROSCANVEL

A Divine.

Image d'un sou, couleur de biniou, village, minime village où les cloches ont l'air
de dodiner au cou d'une immense chèvre de
pierre. Roscanvel baigne ses pieds nus dans
une mer menue dont la chair bleue se voit
sous le frileux aller des voiles.

O mon destin naïf à l'ombre des figuiers,
des ormes et des ifs où se tricote avec les
becs un grêle bruit d'école, ô mon destin naïf
à côté de ma fille mignonne et de mes fils
mignons, emmi les chants de coq et le fenouil
et la menthe sauvage, et non loin des mou-

tons paissant au bout d'une corde en bre-
loque et des vaches fanant le ciel avec la
fourche de leurs cornes !

On vit ici tel que dans un missel, avec au
visage une gifle de sel quand le vent tourne
les subtiles pages du village, on vit ici tel
que dans un missel, à l'abri des ogres et des
médiocres de la Ville, entre la barbe de
cuivre du blanc meunier de Ménézarvel et la
barbe de givre du bleu batelier Manivel.

A l'aurore, voici, par delà l'Ile Longue
aux carrières de pierre, jaillir en bûcher les
ors, les nacres, les roses, l'hyacinthe et
l'émeraude des sacres et des songes, cependant qu'argentin tinte l'angelus au puéril
clocher qui semble encore un bigorneau vo-
lumineux comme un rocher.

Lors ce sont les pêcheurs — mousses, pa-
trons et matelots — qui s'en vont sur l'eau,
s'en vont au nord, à l'est, au midi, vers Plou-
gastel aux fraises candies, vers Quélern ou
vers Brest, fantastique casier à homards de

fer, crabes de fonte et langoustes d'acier, s'en
vont faire la croix afin de vivre en tirant,
pour accoucher l'onde toujours féconde, en
tirant vers la chaloupe aux courbes de berceau le filet lourd, comme on tire un délivre.

Partis, le foc devant, assis au gouvernail
aux allures de soc, ils reviendront au havre
un peu moins pauvres, ces gas de basane, et
le pain noir deviendra blanc ce soir dans la
cabane aux lits pareils à des armoires.

Car leurs paniers sont combles : maquereaux, sardines, congres, vieilles diverses,
prêtres, piloncaux, escolettes vertes, blancs
tacots rayés de rouge, aiguillettes au bec de
scie, spineks aux dents farouches, raies,
chiens de mer à peau de verre, et tant d'autres
poissons si frais qu'ils sont nerveux encore
de frissons dans le varech.

Souvent, dans l'anse çà et là, se balancent
les barques d'alentour qui lancent la drague
aux coquilles Saint-Jacques, dont le type
évoque la pieuse époque de la besace et de

la calebasse, tandis que sur la grève, à marée basse, les vieux qui rêvent passent et repassent l'havanau parmi les goémons et captent des chevrettes semblables en petit aux monstres de l'Apocalypse où les démons chevauchent.

Et c'est des temps d'avril et c'est des temps d'hiver ! des vent-debout et vent-arrière ! et des suroits et des noroits ! et des grains noirs aux longs cheveux de pluie ! et des grains blancs à la crinière d'ouragan ! et des rafales ! et des cyclones ! et tous les souffles de la Rose ! et c'est des mers de lait et des mers de tapis ! et c'est des mers de fleurs vives à la folie et des mers de miroir sur quoi pour mieux se voir se penchent les jolies ! et c'est des mers d'avare où s'accaparent des trésors ! et c'est des mers de tigre à toison de brebis où l'on sent que des griffes descendent agripper les morts !

Le soir venu, voilà, réintégrant leurs nids lointains là-bas dans les écueils de Camaret,

les cormorans en deuil partis dès le matin,
les uns dans l'air en vol triangulaire, les
autres en escouade à fleur de vague, et ce
vol bas évoque de très longues oreilles de
chiens de chasse dont le corps usé par l'océan
ne serait plus qu'un reste de carcasse.

Ici l'on rit, l'on pleure, ici l'on vit, l'on
meurt à la manière des légendes, gens de
terre et gens de mer, et c'est toujours semaine
puisque sans cesse on peine, et c'est toujours
dimanche puisque des ivrognes — ô les tra-
giques trognes de Bretagne aux tout petits
yeux de pervenche ! — vont et viennent sans
cesse à travers la campagne et la lande et la
ronce aux calvaires que ronge l'ulcère du
Temps.

★

Or c'est ici, Divine, ici que tu naquis, au
hasard du voyage, en une étable ancienne de

Lanvernazal en Roscanvel, ici que tu naquis,
ô ma fille, ô ma vie, que tu naquis vers la
mamelle de ta mère, entre les bouches et les
yeux de tes frères ravis.

Roscanvel, 28 septembre 1898.

LE MENDIANT PHILOSOPHE

A Émile Boissier.

Chaque fois que j'entrais dans la Cité par
la porte triomphale, je remarquais, balayé là
comme un excrément de fatalité, tragique en
ses haillons, un mendiant que les passants
dévisageaient sans que la main tendue reçût
la moindre obole, hormis les rares jours
naïfs de foire et de pèlerinage.

— « Figure de la désolation, il gémit ici
depuis des hivers », me dit-on.

Certain jour de fête, plus de mendiant.

Il a dû succomber, pensai-je. — que Notre-

Dame de la Mort lui soit moins dure que
Notre-Dame de la Vie !

Ma surprise fut énorme de le rencontrer
sur la grand'place de la ville.

Mais combien transformé !

Fines moustaches en ailes d'oiselet, mo-
nocle à l'œil, redingote à la mode, bagues aux
doigts, la chevelure parfumée : tel mon res-
suscité.

Et il riait, riait, à croire ses dents creuses
travesties en flûte de Pan.

Jadis symbole de la Peine, aujourd'hui de
la Joie.

Or les foules, accourant, de lui offrir des
pièces d'or dont il remplissait une sacoche
vernie.

Curieux de l'énigme, je l'interrogeai :

— « Finalement, m'expliqua l'imprévu
gentleman, ayant observé que le prochain
avait plutôt de la joie devant mon malheur,
je résolus de provoquer sa peine devant mon
bonheur. L'homme est ainsi fait que : pleure,

il rira sur toi, et que, par contre, riez, il pleu-
rera sur vous. Egoïsme? jalousie? canaillerie?
sadisme? explique qui pourra. Toujours en
va-t-il ainsi. De là ma métamorphose, mes
derniers sous employés à me vêtir joyeuse-
ment. Auparavant le misérable que tu con-
nus avait toutes les difficultés du monde à
attirer une pitié dans sa sébile, le boulanger
lui refusait jusqu'à ses croûtes moisies, et
s'il allait grelotter sous le balcon fleuri d'une
courtisane, celle-ci faisait vider son vase sur
l'importun buisson de poux; désormais, l'esprit empli de pirouettes de clown, l'âme aussi
bariolée qu'un magasin de jouets, je demande
l'aumône en homme du monde, et l'or aussitôt d'affluer dans mes mains, voire dans
mes poches et mon chapeau de soie. C'est
vers moi, de toutes parts, comme un immense geste de semeur. Tout à l'heure on
m'a signé des chèques au coin des rues. Midi
n'a pas encore sonné et déjà, vois, je suis
chargé plus qu'une madone espagnole. Bien-

tôt, pour emporter mes aubaines, me faudra-
t-il sans doute prendre un valet, peut-être
même un chariot. »

A la fin de l'an, les recettes de l'étrange
mendiant étaient considérables tellement
qu'il put s'offrir le luxe d'amortir la dette
de sa patrie.

VISION

A Puvis de Chavannes.

Dans l'ambiguë Forêt des Heures, nous rencontrâmes une Dame à la chevelure d'amandier en fleur.

Ses pommettes roses mettaient à cette femme un air d'enfance à la Puvis de Chavannes, mais de plus près la figure me parut craquelée de ridettes à la manière d'un Dürer.

— « Jeune et jolie vieille, d'où viens-tu ? »
— « De l'Orient. »
— « Jeune et jolie vieille, où donc vas-tu ? »
— « Vers l'Occident. »

Sa voix avait le son fané du clavecin.

— « Ton nom, fantôme ? »
— « Ce nom te fait pleurer chaque fois qu'il vient boire au creux de ta mémoire. »

Mon cœur se prit à battre ainsi que le balancier de la lointaine horloge de ma nourrice, magistralement...

Alors, m'enrubannant le col de ses deux bras de revenante, à l'ombre fugitive d'un vol suprême d'hirondelles, se nomma la Dame :

— « Ta Jeunesse! »
Dit-elle.

Le ciel était couleur de nos cendres humaines.

SUR LES ALLÉES DE MEILHAN

A Paul et Victor Margueritte.

Voici la ville, Marseille, aux environs de
laquelle je naquis et dont, après plus de
vingt ans d'absence partielle, j'épands toujours
la semence d'or vif en mes sillons d'encre,
car cet art que d'aucuns, pâles, me reprochent
n'est en somme qu'une apothéose de joies
naturelles et d'énergies humaines.

Certes la luxuriance de santé de ma race
n'a cessé de triompher en mon être qui,
malgré les mélancolies de l'exil, persiste à
rendre du soleil, et je garde, de la mer où

dansa mon berceau, ce culte du rhythme qui enguirlande de musique chaque ligne.

En outre je ne sais quelle divination spirituelle doublée d'une voyance physique m'échut en don.

Des graves domaines du Mystère j'évoque d'imprévus diamants dont j'accrois la somme restreinte des trésors du monde, accomplissant ainsi le suprême office du poète : étendre la Beauté, magnifier la Vie, accentuer la visibilité de Dieu, créer.

Dans les domaines du sensible, le moindre spectacle me devient univers et je perçois tout un drame dans l'infinitésimalité qui s'offre. Véritable jungle que ma vision première d'une vie si minime soit-elle, aussi me faut-il écarter rames et floraisons aux fins d'aboutir au nid d'oiselet ou bien à la baie menue qu'espère le lecteur.

En écriture, de par l'abondance, je procède musiciennement, perchant les mots sur des portées d'orchestration : voici les cordes et les bois, voilà les cuivres et la batterie. D'où une bactériologie de phrases animées sur la page, tels des essaims sur une prairie de pâquerettes. Mais la nécessité de vivre en regard de la société m'impose vite ce supplice, le travail d'élimination, sorte de petit massacre des innocents, le poète d'abord Marie se transposant en Hérode.

Ainsi, alors que ce que maints réalisent est le summum de leur nature, ce que je réalise est le minimum de la mienne. Pour nous rencontrer sur le plateau moyen de générale entente ils ont à monter, j'ai à descendre, et l'énergie que tel dépense à sa virilisation d'art, à l'accomplissement de sa beauté propre, à sa synthèse, je l'utilise à me nier jusques à l'officiel étiage de convention, jusques à ce ton obligatoire hors quoi l'humanité brame : c'est folie! Autrement dit (dût cet aveu me coûter dru!), mon œuvre est un amoindrissement de ma conception, je ne me livre qu'en réduction, j'ampute mon

aigle et je châtre mon lion, — je m'hu-
milie.

Pour se possibiliser, le génie lui-même ne
doit-il pas niveler ses enthousiasmes, dissi-
muler ses orgueils, maquiller ses merveilles,
médiocriser ses victoires, et s'agit-il pas quotidiennement de rogner les « marguerites »
à jeter devant ses contemporains?

Ce haut exemple nous console, les petits.

O, devant le tribunal de son époque, le
crime d'être soi!

Malheur à qui fait l'aumône sans avoir
l'air de l'implorer !

Si téméraire que puisse paraître ma décla-
ration, je dis que les débiles aristarques
taxant d'obscurité la « pléthore de clarté »
qui survit quand même à mes coups de plume
s'avouent les héritiers directs de ces captifs
de la Caverne de Platon, lesquels habitués
dès toujours au mensonge des ombres pro-
jetées sur la muraille ne discernèrent point
la vérité lorsque, délivrés vers le seuil, subi-

tement ils furent vis-à-vis du soleil, imagier
des idées, dispensateur des reliefs et des
couleurs.

Mais il y a les justices futures !

L'OEIL GOINFRE

(Dans le rapide Marseille-Paris)

A Henri Degron.

Mon œil, en pêle-mêle, s'offre d'énormes et mobiles noces de Gamache servies par des majordomes à casquette laurée d'argent et d'or, à l'accent qui chromatise de l'ail au saucisson, du saucisson au berlingot, du berlingot au nougat, du nougat au guignol, du guignol à telles autres singularités consécutives.

Fleur de thym ou fleur de bruyère, chrysaille de blé ou émeraude de pré, lait de calcaire ou sang de granit, la nappe du multiple festin varie souventefois de style, de même la voûte, glissant du lapis-lazuli luxuriant de rayons à l'acier vieille cuirasse arénéeux de nuées, tandis que, sur l'Œil qui baffre campagnes, bourgades, cités, chaînes de montagnes, départements, provinces, monte et descend, visible ou cachée, la grandiose lampe de la vie.

✶

Apéritif glauque de la Méditerranée.

Huîtres, palourdes, moules, praires que sont les vieilles monnaies de pluie aux goussets du sol.

Hors-d'œuvre : ces crevettes des champs, les sauterelles ; ces bigorneaux des buissons, les escargots ; papillons ; scarabées.

En guise de rissoles, les tas de foins où se blottissent les poussins.

Pâtés de foie gras, les moulins à vent.

En potage, lacs, étangs et mares, avec,

croûtons surnageant, des canards, des sar-
celles, voire des crapauds, des grenouilles,
des têtards.

Voici la langouste d'une haie de rosiers et
le saumon des carrières d'argile.

Comme bouillabaisse, une lande safranée
de genêts fleuris.

Entrée, rôt : des veaux sur la sauce verte
des pâtis ; des porcs au seuil de l'étable ; des
moutons parmi, en forme de pommes, les
cailloux de la Crau.

Tout cela, mes regards l'épicent de-ci
moyennant les salines de Berre, de-là
moyennant les poudrières de Saint-Chamas,
tous les raisins surs des coteaux et toutes les
olives des plaines de Provence se canalisant
en huile et vinaigre à l'imaginaire pressoir
d'un cataclysme incessamment possible.

Pour bouchées de pain, les meules éparses.

Pour coupes, les bassins, les citernes, les
puits.

Autour d'un surtout à métamorphose, pic

célèbre ou tour de cathédrale, c'est tantôt de
la vaisselle plate formée par les vasques des
villas, les toitures de zinc, les plats à barbe
des villages, tantôt de la porcelaine de
Limoges constituée de prairies de pâquerettes ;
voici encore des plats et des assiettes à dessins
— Delft, Quimper, Rouen, avec soit un calvaire peinturluré ou une scène d'auberge,
soit un champ de foire ou bien des bateaux
sur l'eau — la bordure agrémentée d'une
légende écrite par l'énorme ciseau des charrues, virgulée de corbeaux, de merles et de
pies, sans omettre le nerveux accent circon-
flexe des hirondelles et des martinets.

Vol-au-vent décoiffés, les arènes romaines
et le palais des papes.

Puis le gibier : lièvres furtifs des versants
mauves, alouettes en frissons dans l'espace,
brochettes musicales sur les fils du télé-
graphe, cailles et grives emmi les vignobles,
canetons, poulardes, oies alentourant une
houlette, dindons jabotés, pintades à la

voilette de volières, volailles sur des brancards levés au ciel en bras de prière.

Puis les mets héraldiques : cerfs, sangliers, chevreuils, faisans, qu'environnent, champignons, les cahutes des gardes et des rabatteurs.

Asperges en peupliers.

Artichauts en pins coniques.

Salades des taillis.

De candides lessives étendues sur l'herbe ou sur la corde essuient le goinfre au passage.

Et quelle orgie de boissons !

Vins rouges et or des plongeons solaires dans l'onde, vins blancs secs des torrents, chablis des ruisselets, lampées beaune et pomard des trèfles en fleur et des coquelicots, rasades de picolo des toits de tuiles et des murs de briques, petits crus en rivières, les flots de bière des sentiers naïfs, le mélange stout et pierre-à-fusil du Rhône et de la

Saône, ces époux de Lyon, et, çà et là, les innombrables « trous normands » des vitres apoplectiques.

Pour buisson d'écrevisses, un bataillon de pantalons garance enchevêtrés de baïonnettes en manœuvre sur un monticule de gazon poivré de crottes de lapins et de chèvres.

Ce pendant qu'on sable le champagne, rœderer du jet d'eau des parterres aristocratiques, cliquot des pommes d'arrosoir et des lances de voirie, montebello des cascades chutant d'un roc à pic, savourons la chantilly de ce lavoir écumant, le sorbet des drapeaux de mairie, les gaufrettes des toits d'ardoise, les croquembouches des boues séchées, les mosaïques fruits-confits des vitraux de basilique, et gloutonnons l'éparpillé dessert des alentours : joailleries et pendeloques des treilles et des vergers, sourires de jeunes filles accoudées aux barrières agitant le nid-

à-baisers de leurs mains : chaînes de montre,
colliers, médailles sur les gorges, les cous,
les ventres qui passent ; bouquets aux cor-
sages ; anneaux et bagues aux doigts ; coiffes
diverses : prunelles de bétail : girouettes ; coqs
d'église : heurtoirs de portes : plaques de
garde champêtre ; harnais ; roues de paon ;
cerfs-volants bariolés : essaims d'abeilles ;
tournesols, et l'araignée épileptique des aiguilles à tricoter, et la tranche d'orange de
l'Ostensoir que parmi les papillotes des ban-
nières et des oriflammes on hausse en procession au creux de la vallée là-bas, et des
gouaches, et des pastels, et des aquarelles, et
des fusains, et des eaux-fortes, et des Sisley,
et des Pissaro, et des Gauguin, et des Puvis,
et des de Groux, et des Seurat, et des Mon-
ticelli, et des Monet.

Enfin la tasse de café des tunnels — que
suit le cognac brusque du vif soleil tout à
coup reparu.

★

Disons que fréquemment le balthazar fut en musique, Dame l'Oreille, convive un peu, caragolant tout près de Prince l'Œil, amphitryon.

Non loin de Tarascon, le mistral ordonnant sa formidable sarabande, l'archet des branches racla le violoncelle des troncs, les persiennes des logis s'agitèrent en accordéon, les enseignes commerciales cymbalisèrent, les tuyaux des gouttières et des cheminées s'avalèrent et se vomirent en coulisses de trombone.

De plus, nombreuses fois, ce fut un chahut de piano fantastique chambardé par un train de marchandises aux wagons découverts se suivant, l'un plein de chaux, l'autre de charbon, — gigantesque clavier.

Et le bruit de fourchettes des petits oiseaux!

Et les coups de sifflet!

Et la mandoline des rainettes, des grillons
et des cigales!

Et l'orgue de Barbarie des chèvres, des
chiens, des vaches, des ânes, des cochons!

Et les tintinnabulances des chapeaux chi-
nois télégraphiques!

Et la fanfare des diligences effarées par
l'heure du courrier!

Et les ra et les fla des charrettes!

Et les éternuements de cloche donc!

Et l'épouvantement des ponts de fer et
des plaques tournantes!

Et les jets de vapeur en *chut* de chef d'or-
chestre.

J'oublie quelques arrêts avec au marche-
pied des marchands de torchons imprimés
où se dévoraient des entrefilets policiers, des
sucres d'orge galants, des pavots de roman-
feuilleton, des cornichons de chronique poli-

tique, des pickles et piments de critique dramatique, des dragées d'avis mondains.

★

— « Paris! » clame un maître d'hôtel plus chamarré que les autres.

Alors mon Œil, ivre, s'éperd à travers la Ville, ne sachant si c'est les becs de lumière qui scintillent au firmament ou si c'est les étoiles qui flambent sur les places et le long des rues, se féerisent aux vitrines des pharmaciens, se banalisent à la tempe des fiacres.

Papillon de folie, l'Œil va finalement s'abattre entre la double rangée de boutons de cuivre d'une tunique d'agent qui regimbe et se cambre :

— « Circulez! »

LE MAI

Au Dr Jules Quédec.

Sous le printanier frimas des haies et des vergers, Roscanvel, village de la promise et du col-bleu, a l'aspect d'une marquise à l'époque du vertugadin.

Dame Nature parfinit sa toilette et parachève son ménage.

Les plumeaux du bon Dieu, sous forme d'ailes en voyage, époussetèrent çà et là; remis à neuf, le grandiose médaillon du soleil s'épanouit à la paroi d'azur, ce pendant que, de branche en branche, le coucou balance sa pendule suisse; et, à voir tant de neige baptismale à l'aubépine, aux pommiers, aux prairies, on dirait que les nuages derniers ont glissé, pompons de poudre de riz, un peu partout, réalisant un fond sur quoi filent, plus noirs, corbeaux et merles.

Il y a de la nativité dans l'espace où les arbres affichent, vers la joie puérile qui passe, des nichons que voileront trop vite les feuilles tendres.

Cela fleure la joliesse et le sourire et la bénédiction.

On devait sabler un air pareil à l'origine du monde alors que, constituée des joues de tous les bébés à venir, la première aurore splendissait, et je présume que les pies du hameau de Lanvernazal ne sont que les « faire-part » des épouvantes laissées par le terrifiant cyclone de l'hiver.

Comme si mars les eût lavés des usures d'antan, le son, le geste, la couleur reconquièrent leur ingénuité primordiale : en la vierge résurrection les gazouillis font le bruit que ferait le ciselet d'un ciseleur sur ciel, la cloche accuse davantage le cristal que le métal, la main dégelée du vieillard semble envoyer des baisers. Le monde se renouvelle. Plus de cheveux gris ni de tares aux choses. La sève des renaissances se canalise à l'infini et tout, jusqu'à la lande pitoyable qui se métamorphose en trésoreries, tout s'affirme et s'enjolive, on assiste à l'élaboration des énergies, et c'est une universelle bactériologie d'espoirs divins, vibrations menues dans le juvénile grouillement de la Vie où se perçoit, à la lentille de la foi, en leur incubation, une nuée d'existences futures ; et me survient à la mémoire (pourquoi ?) la minutieuse *Vue de Tivoli* de Jean Breughel dit de Velours dont l'extrême finesse sollicite la loupe et je songe encore à cette *Bataille d'Arbelles* du même maître où sans doute s'abreuva notre héroïque Henry de Groux.

Retardataires, çà et là, des gestes de semeurs d'orge et de blé giflent les essaims d'éphémères dont est grenue l'atmosphère.

Là-bas, la brise de Plougastel-les-Fraises moire le diaphane manteau de la Vierge Marie, — la mer essentielle...

★

A l'aube, la jeune Soizic, fille de mon voisin Pacific le fossoyeur, est venue fixer à notre porte le *mai* coutumier : brin d'aubépine pris au manoir du hameau.

— « Il portera bonheur à la maison », dit-elle.

J'ai répondu :

— « Dieu fasse, Soizic, que le prochain veau de ta vache ne meure pas comme celui qu'elle eut l'autre semaine ! »

Puis mes enfants, Cœcilian, Lorédan, Divine, descendirent en flûte de Pan baiser le rameau tutélaire, ce qui ravit Soizic, ou plutôt Da, ainsi que Bébé la dénomme.

Cette Da! c'est elle qui enseigne le breton à ma marmaille et nous initie aux traditions de la contrée. Depuis qu'elle aide ici la nourrice de Divine, nul de nous n'oserait par exemple mettre une poule à couver sans, se signant avec le premier œuf, réciter un *Pater* et un *Ave*. Entre autres encore en pratique au village, Da nous apprit la coutume du bouquet de la Saint-Pierre que l'on append à la cheminée et dont le tomber de la feuille altière annonce la mort prochaine de quelqu'un de la maison, et la coutume de cette tige d'automne que, dans une scène inoubliable pour le poète, chacun passe et repasse neuf fois dans les flammes de la Saint-Jean.

Aujourd'hui ce fut le tour du *mai*, ce « gui » du printemps.

★

Sur la place de l'Eglise les garçons et les filles en retraite de première communion jouent « aux noix dans le trou » selon les us naïfs des paroisses bretonnes, tandis que leurs aînés, libérés des trois communions, vagabondent le long de la presqu'île, grimpant casser dans l'œuf le gracile orphéon du printemps.

Epars sur la falaise et dans les champs, retraités, marins, cultivateurs, terrassiers, dissertent autour des élections municipales de dimanche ; aux jeux de boules des estaminets, les ivrognes du bourg et des hameaux de la commune, depuis Quélern jusques à Kerlaer, supputent les quarts de tafia que leur vaudront les candidats peureux.

On distingue, sur la cale ou le long du « torse » qui va de la cure à l'école en pas-

sant par l'assommoir, les voix de rogomme
de Fidelius la Jambe-de-Bois, de Pascal le
Forgeron, de Mazet le Boer, de Caro l'Ar-
souille dont la face à bagarres n'a plus un
seul morceau de peau originelle, de Caro le
Couillon qui ne sait pas compter jusqu'à
quatre sur ses doigts, et de la Mère Bigorn
dont le vieil homme s'avale la gaffe, c'est-à-
dire agonise depuis des temps — pauvre
Père la Vie! — parmi des puces, des poux
et des punaises.

D'ailleurs l'imminente bataille autour de
l'urne met en ébullition cette *réduction de
l'humanité* qui grouille sur la presqu'île de
Roscanvel.

(Ah! ce village de Bretagne, ma retraite
depuis deux années, ce village, avec son
nougat d'instincts, ses misères et ses délices,
comme il ressemble au village de Provence
où je naquis, de même qu'à tous les villages
de la terre! Fermez les yeux et passez des
doigts d'aveugle sur la page de Roscanvel,

les reliefs accusés s'analogueront avec ceux de la page de Saint-Henry. On croirait à une collection fixe de formes en lesquelles se glisserait, toujours la même, une collection d'entités. Physiques et moraux, tous les types, le bel esprit, le fol, la brute, le mystique, la prostituée, le ladre, le charitable, le jean-foutre, la mauvaise langue, le faux bonhomme, le larron, la graine d'assassin, la graine de héros, tous les types enfin comme en un récipient se mêlent ici, agités par la vie jusqu'à réaliser le plus absolu précipité d'humanité. Une agglomération d'individus autour d'un clocher ou d'un emblème quelconque, c'est l'univers aux apanages concentriques se ramassant de toute sa superposition de circonférences sur un point-centre pour s'y manifester en raccourci mais dans son intégralité au moyen d'étalons éternels. En somme, la vie se résume à quelques prototypes reproduits à l'infini, — prototypes, rencontrés d'abord en la naïve école où

l'on apprit à lire, qui nous suivent dans la
chambrée de la caserne et dans tous nos sé-
jours à travers l'existence. Il y aurait donc
plus de profit pour le poète à s'asseoir devant
les tréteaux d'un hameau que devant ceux
d'une cité ; les types, en quelque sorte ac-
centués par le nombre réduit à sa plus simple
expression, s'exposent plus intenses dans
celui-là, la pièce s'y affirme classique avec
des héros à l'état brut taillés à même la vérité, délestés de toute gangue, vierges des
accessoires oiseux et des fards romantiques
des villes. Au village le poète travaille sur
le vif, sûr d'extraire d'une synthèse plus
nette un résultat immédiat.)

★

Midi s'avance, en haubert de diamant.
Un feu d'artifice aigu : les écoliers jail-

lissent de la classe et s'épivardent vers les hannetons et les émeraudes des « ironces ».

Oh courir aussi ! mais une haute chute de l'échelle qui tient lieu d'escalier à ma chaumière me condamne à béquiller depuis deux mois — quelque représaille de la Dame à la faulx. Alors, m'étendant sous un chêne dans le proche pré nappé de pâquerettes, boutons d'or et bouquets de lait, je m'abandonne parmi la salubre caresse de l'heure à l'ineffable émotion qui me viole délicieusement et comme à petits coups subtils métamorphose les ténèbres de mon âme en tendresses de pastel. Mon cœur saute en cabri et je pressens que, si j'ouvre encore un tantinet la bouche, il va s'émanciper hors moi pour brouter l'espérance nouvelle. Peu à peu, sous le charme agissant des philtres épars, j'amenuise mon orgueil et rapetisse mon individualité comme pour ne pas en effaroucher l'égalitaire symphonie du monde et pour, fondu en atome dans l'incommensurable mo-

saïque des vitalités, participer à l'universel
renouveau.

Non loin, des sources aux frisettes de cres-
son jacassent vers les cruches...

Saoul perdu, Boulzir, le matelot du flam-
bart à Postic, roule et tangue à travers la
garenne en souriant béatement aux papillons
qui frisselissent dans l'air blond.

Pluie fine, l'angélus dégouline en les
oreilles.

Je claudique vers le repas de famille.
Au seuil m'espère la branche de félicité.

Roscanvel, 1re mai 1900.

LES VIEILLES DU HAMEAU

A ma fille Divine.

L'une après l'autre elles s'en vont les
bonnes vieilles au fuseau, l'une après l'autre
elles s'en vont toutes les vieilles du hameau.

Tu ne reverras plus tante Marie ni
tante Lise, ô ma Divine, ni tant d'autres en
coiffe blanche du dimanche ou bien en penn-du
de laine de la semaine, tu ne reverras
plus ces mères-grand au long châle de deuil
qui souriaient à ta chair de féerie sur le seuil
après avoir, grêles marraines au dos de cer-
ceau, souri sur les gazouillements premiers

de ton berceau d'osier, tu ne reverras plus
ces candides anciennes que derrière la pe-
sante croix d'argent viennent d'emporter au
cimetière entre des planches quatre braves
gens. Elles avaient une âme douce de brebis
ces aïeulettes du pays qui t'apportaient du
lait, du miel, des œufs, le fars des fêtes, le
gâteau de la grand'messe, le bouquet de la
Saint-Pierre et le bouquet de la Saint-Jean,
et t'élevaient parmi leurs bras de vieille vigne
pour à l'aurore de tes joues baiser de l'espérance et cueillir de la vie. Tu ne les reverras
plus, mignonne, mais elles hanteront à l'infini le pré béni de ta mémoire, tirant par
l'attache la vache qui fut leur fortune avec
le champ de pommes et le champ de blé noir
dont on fait le gros pain rond à pâte brune.
A la longue malingres comme des jouets,
elles s'en sont allées, mères de gas éparpillés
sur les mers jaune, blanche, rouge, noire,
bleue, elles s'en sont allées dans un hoquet,
tuées par quelque bise et lestées d'une hostie,

elles s'en sont allées sans le baiser de leurs
petits, dans un linceul de toile bise, elles
s'en sont allées vers le bon Dieu qui leur a
mis des ailes aux épaules et puis des robes
d'or et puis des doigts tout roses pour jouer
de la lyre en dansant sur la lande aux étoiles,
fleurs d'ajonc des cieux.

L'une après l'autre elles s'en vont les bonnes
vieilles au fuseau, l'une après l'autre elles
s'en vont toutes les vieilles du hameau.

(Pendant l'enterrement de tante Lise :
hameau de Lanvernazal en Roscanvel, 23 mai 1900.)

LE PASTEUR DE MONTAGNES

A Jules Lemaître.

Durant que sur un tertre de pattes-de-chat ronronnait ma songerie, vint à passer, masquant l'horizon, une théorie d'ombres épaisses et hautes, faites on eût dit par de gros dos, — de gros dos en troupeau.

Monseigneur le Soleil ne m'apparaissait plus que par intervalles, comme de l'arrière-train au museau des mastodontes se suivant.

Puis, qui semblait conduire ces masses mouvantes, survint un ancêtre dont, sans le voir tout entier tant il était vaste, je perce-

vais pourtant la plénitude comme si la
moindre partie de son être en eût réfléchi l'ensemble ou comme si chacun de ses points
eût été une réduction de lui-même. Incommensurable, tel l'univers individualisé, ce
passant à la barbe plus longue que tous les
fleuves à la queue leu leu devait, à sa blancheur, évidemment dater d'avant les six jours
de labeur.

Or le vieillard, un faisceau de siècles en
guise de houlette, parsemait ces phrases :

— « Au hasard de la Vie, je mène paître
ces Montagnes que je trais aux crépuscules
qui précèdent et suivent la lumière. D'au-
cunes produisent du marbre, du granit,
d'autres de la houille, celles-ci du minerai,
celles-là de l'or, certaines des diamants, diverses fois il en sort une ville ancienne ou
bien encore les cercueils de ces rois lointains
au moyen de qui les poètes façonnent des
tragédies. L'hiver je les tonds, et cela fait
des avalanches. En outre mon troupeau se

propage; un éboulement laborieux c'est
une colline de plus. Un jour, d'après la fable,
l'une d'entre elles fit beaucoup de bruit, mais
ce ne fut qu'une souris. »

Et l'immense Pasteur reprit sa route.

— « Quelque fou! hochai-je, les montagnes
ne sont-elles pas immobiles, et n'est-ce pas
nous les hommes qui marchons? »

— « Penses-tu? » pétilla le Soleil.

Et l'astre, encore :

— « L'homme ordinaire n'est qu'une inertie. Le véritable mouvement est celui des
idées éparses dont la passagère alliance en
les esprits engendre la pensée. L'action intérieure, voici l'action première, unique; le
reste n'est qu'agitation superficielle ou,
si tu préfères, action seconde en ce sens
qu'il n'est que la projection grossière d'une
conception. Mais le cerveau de l'homme a
l'hospitalité difficile, et les idées désemparées
s'en vont sur la route vainement frapper aux
fronts hargneux ou sourds. De ce que l'idée

se meut, l'homme infère qu'il agit et marche. La majorité peut aller des kilomètres, élever des arcs, construire des cités, sans avoir pour cela pratiqué un geste essentiel, absolu, personnel. L'armée victorieuse a moins agi que le roide général qui combine tout dans le recueillement de la tente. L'humanité, les idées la portent, elle en est la marionnette multiple. Action il y a là seulement où il y a conscience et volonté initiale. Et même leur fausse mobilité empêche-t-elle la plupart de distinguer l'énergie intérieure qui dirige le monde. Au surplus l'homme est inerte à ce point que, en comparaison de lui, les choses d'aspect immobile se meuvent — telles ces Montagnes dont la marche reste inaperçue, énormités qu'on récuse en quelque sorte puisque les dire immobiles équivaut à les nier. Ah! l'homme, sa fatuité l'aveugle! Il édifie des empires puis, les renverse et s'imagine de la sorte ébranler l'univers. On n'a rien vu. A peine les ébats d'un puceron sur l'infini

de l'Espace et du Temps. O peuples, votre
mouvement est moindre que l'immobilité des
choses, presque mortes selon vous, qui simplement sont arrêtées devant votre spectacle
bouffon dont l'inanité les amuse et les stu-
péfie. Non que l'action ne soit susceptible de
devenir humaine ! Certes, la divinité s'huma-
nise en ces rares aubes d'où jaillit un homme
de génie, de qui les médiocres industrialisent
la splendeur aussitôt. Malheureusement,
comme, ayant cru d'abord agir par soi, la
foule ingrate et vaniteuse ne pardonne pas
au maître de son mouvement — inertie à
rebours, en somme — la foule, par suite ad-
miratrice mais blessée, punit-elle enfin l'ins-
tigateur divin par le gibet. »

— « Comment se nomme ce Pasteur? »
fis-je au Soleil.

— « Son nom ne te dirait rien. »

— « Mais encore! »

— « Il est trop démodé, vraiment. »

— « N'importe ! »

— « Non, tu rirais trop ! »
— « Dis toujours. »
— « Dieu. »

LE SILENCE

A Charles-Henry Hirsch.

« Timide fantôme en toile d'araignée, qui donc es-tu ? »

Dut faire, le fantôme, un signe à quelque brise d'aventure, car je lus sur la nuque des luzernes :
— « Je suis le Refuge des corps étourdis par la besogne de la Vie. »

— « Discret fantôme en toile d'araignée, qui donc es-tu ? »

Dut faire, le fantôme, un signe à quelque rai de lune, car je lus sur la mare aux libellules :

— « Je suis la Consolation des âmes frustrées par le salaire de la Vie. »

★

— « Etrange fantôme en toile d'araignée, qui donc es-tu ?

Dut faire, le fantôme, un signe à quelque chauve-souris, car je lus sur la sublime ardoise du sommeil :

— « Je suis l'Excuse de la Mort et je me nomme le Silence. »

LE FOL

A Octave Uzanne.

Près d'un champ de lin en fleur, sur un
tronc mort, je découvris, vêtu de sac, pieds
nus, l'air d'un naufragé de la Vie, l'haleine
en va-et-vient de scie, un homme aux regards
vers *ailleurs*.

Une pièce d'or en hostie, je m'approchai.

La fusée d'ironie gicla de son gosier.

— « Fi de ta rondelle ! Selon toi, je suis
pauvre ; mais tu es misérable, selon moi. Tu
crois à la richesse qui tombe sous les sens,
je crois à l'autre. Naïf qui me fais l'aumône,
contemple donc mon palais et mes domaines. »

Et d'un geste qui paraissait illustrer le vide, l'homme objectiva terres et tourelles devant moi.

Ensuite, simulant d'ouvrir un lourd portail de fer, il dit :

— « Entrez. »

Pitoyable à son illusion, je parodiai un pas.

— « Ouais ! garde-toi d'écraser les tulipes de l'allée ! »

J'en restai le pied en suspens, tel un chien à la patte meurtrie.

Du parc il m'introduisit plus avant dans sa chimère, m'invitant souventefois à des précautions minutieuses.

— « Attention aux cristaux précieux ! »

Son corps, souple à l'excès, plus expressif qu'un pouce de peintre en causerie d'art, morphosait positivement des figures dans l'espace, que dis-je : il les créait par le déplacement qu'il en accusait moyennant ses déhanchements, ses enjambées, ses contorsions, son toucher et parfois ses respects.

Cet homme avait une telle façon de saisir certain petit rien de néant et d'en caresser de doigts délicats la plastique absente que ce petit rien ce ne pouvait être qu'une statuette de Tanagra.

Dès le seuil il s'était penché si charmantement pour flatter d'une tape familière une abstraction capricieuse à hauteur de ses genoux que je n'avais pas hésité à penser : « Là est le chien de la maison ! » et que cette pensée, maintenant obsession, m'imprimait le regret du morceau de sucre laissé dans la soucoupe de ma dernière auberge, et que, même, bientôt j'allais avoir la sensation fraîche d'une langue sur la main.

Dans une salle, où nous pénétrâmes par une porte que (de ce qu'il avait, au chambranle, laissé le front) je devinais basse, il ouvrit un coffre et brassa des orfèvreries que sa mimique passionnée faisait véritablement tinter.

Je dus encore monter, traverser de nou-

velles pièces brèves ou spacieuses — dans
l'une d'elles ayant failli glisser sur un pré-
tendu zest d'orange omis sur la mosaïque,
il cria le nom d'un majordome évidemment
très vieux à la déférence avec laquelle son
maître accueillit et secoua ses idéales oreilles
« ah si vous n'aviez pas vu casser le vase de
Soissons! » — puis il fallut descendre, et je
me rappelle un escalier en caragol où il veil-
lait à ce que son hôte ne tombât à tel ou tel
degré plus rapide ; au surplus je me prêtai
de bonne grâce à toute cette gymnastique de
fantasmagorie.

Une fois dans un endroit que tout de suite
vous eussiez estimé être le cabinet de toilette
à sa manie d'éternuer comme si les flacons
fussent à l'évent, il héla deux valets et, non
sans m'avoir en exorde offert de prendre un
bain que j'eus toutes les peines du monde à
refuser, il ordonna aux serviteurs aux membres
de songe de me pomponner.

On errait en pleine métaphysique.

Comme midi sonnait dans son imagination :

— « Voici l'heure du repas ! »

Et de s'accroupir sur le sol devant un bloc de pierre mêmement que devant une table riche de vaisselle plate et de m'inviter à la victuaille.

J'attestai sortir de table !

Il savoura des mets imaginaires dont je percevais la nature à ses exclamations ; et de temps en temps, c'était un geste à droite, un geste à gauche, envoyant une tête de truite ou un os de chevreuil vers la gueule du chien de féerie.

— « Ah que vous avez tort de bouder ce faisan aux atours de marquis ! »

— « Le gibier m'est odieux ! »

— « Ce marsala me vient d'un mien cousin de Sicile. »

— « Le vin me donne la migraine. »

— « Eh cette grenade entr'ouverte qui vous fait risette ! »

— « Pas même ! »

— « Alors, de cette frangipane ? »

— « Pas davantage. »

— « Et ce moka Martinique ? »

— « Point ! »

— « Mais ce havane ? »

— « Nenni ! »

— « Du moins, susurra-t-il orientalement, vous ne me ferez pas l'injure de refuser une de ces dames... »

Et l'amphitryon montrait autour de la table, convives, des femmes sans doute jolies, que je n'avais pas perçues, — telles des Idées Pures.

J'objectai le vœu de chasteté.

Finalement il s'endormit au creux d'une roche, cultivant des joies de rêve en un lit que je présumai à baldaquin.

Je repris ma route.

— « La foi en un trésor idéal, ruminais-je, croire posséder son rêve, ne serait-ce pas la suprême fortune ? Le biens de l'imagination,

voilà certes des richesses aimables ; nul impôt,
aucune servitude ; en outre, il suffit d'un cran
de plus au rouage du désir pour accroître la
valeur et la superficie de pareils domaines
dont le vol n'est pas à redouter et que les
catastrophes ne sauraient anéantir. Joignez
qu'un espoir de cristallisation peut se
greffer sur ces végétations infinies du cerveau. Le monde visible, qu'est-ce en vérité?
de l'invisible à la longue solidifié par l'appé-
tit humain. Un jour Dieu sera-t-il traduit en
saisissable par la somme des vœux des mul-
titudes, — et d'ailleurs cet homme le touche-
t-il déjà, peut-être? »

Un gardien de la Maison de santé voisine
accourait.

— « N'auriez-vous pas vu un Fol? me
jeta-t-il. Trompant la surveillance, il s'est
enfui vers l'humanité et l'on craint que sa
démence (la folie des Idées, Monsieur!) n'y
sème le désordre. Les gardiens sont partis dans

toutes les directions. Mais je ne saurais le reconnaître, étant depuis hier seulement à l'établissement. »

Je m'avançai :

— « Le Fol, c'est moi. »

Le gardien me lança la camisole de force et m'emporta, comme une proie, à travers les aubépines fleuries.

CRANES DE VERRE

Diaphanes me sont les crânes.

Je distingue les idées du cerveau comme à travers le cristal d'une cloche les délicatesses d'une fleur rare, et, sans que mon prochain ne s'en doute, je suis l'évolution de son esprit généralement en contradiction avec la parole sortie de sa bouche. Il profère : oui ! mais sous le crâne j'ai surpris : non ! D'où, presque toujours, un acte oblique, fausse extériorité du vœu foncier, symbole hypocrite de l'intime pensée.

En vérité, durant telles heures de dégoût, la vie me parut un carnaval où les effets n'étaient que les chienlits des causes, aussi bien, puisqu'il me suffit d'examiner le spectacle de l'individu pour en inférer que son œuvre est l'opposite de son rêve, en arrivais-je à ne plus regarder au travers des crânes.

O les crânes humains !

Pour quelques-uns riches de fleurs ou de diamants, combien d'analogues à des marécages, à des ravins hérissés de guet-apens, à des préaux de prison, à des champs de carnage...

Par contre quelle logique sous le crâne des bêtes. Point de duplicité. Elles sont tendres ou barbares, bonnes ou mauvaises. Nulle pensée de loup dans un cerveau de brebis, aucune pensée de brebis dans le cerveau du loup.

La bête est plus loyale que l'homme.

C'est pourquoi je fuis souvent l'humanité pour aller vivre sauvagement, parmi les pattes et les ailes.

PARASITES

Églantiers, guis, ronces, lierres, champignons, lichens...)

A Emmanuel Signoret.

LE POÈTE

Espions et tyranneaux, libérez ma personne
de votre cilice d'agaceries et renoncez à davantage m'usurper l'horizon !

LE CHŒUR

O notre christ sur l'océan des minutes !

LE POÈTE

Pourquoi m'alentourer de si mesquine
manière ?

LE CHŒUR

Pour l'absolue certitude du butin.

LE POÈTE

Que convoitez-vous donc?

LES BADAUDS

Tes rires et tes larmes.

LES CRÉANCIERS

Tes os et ta peau.

LES FAMILIERS

Le sang de tes veines.

LES DISCIPLES

Ton esprit.

LES AMANTES

Ton âme.

LE POÈTE

Une telle écornifleric m'étiole, finalement.

LE CHŒUR

N'est-ce pas te faire honneur?

LE POÈTE

Buvez et mangez, soit! — sans toutefois prendre l'amphitryon pour aliment et boisson. Soufrez plutôt qu'il vive un jour de solitaire indépendance; je serais meilleur demain.

LE CHŒUR

L'antre du Lendemain, que garde l'Hypothèse, abrite la Chimère; le présent, seul, vaut.

LE POÈTE

De grâce, atténuez les chaînes!

LE CHŒUR

Sont-ce pas les symboliques bracelets des héros martyrs?

LE POÈTE

Voyez, il me faut faire d'inouïs efforts par quoi je ressemble à l'hercule de foire suant des gestes qui ont à la base un boulet.

LE CHŒUR

Eschyle et Sophocle morts, le spectacle d'un tragique lutteur devint l'unique jouissance d'art.

LE POÈTE

A ce jeu mes forces disparaîtront.

LE CHŒUR

Du moins auront-elles disparu dans nos curiosités fébriles.

LE POÈTE

Eh bien, je veux me déraciner et fuir.

LE CHŒUR

Tu devras nous emporter avec toi dans l'exil, car nous sommes plus toi-même que tu n'es toi-même.

LE POÈTE

Oui, je sens que mon individu désagrégé s'éparpille en vous.

LE CHŒUR

Eh ton orgueil fait la roue! Songe à nos apports nullement négligeables. Par nous tu pris conscience de ta vie, tu dates de notre assaut. Pour réaliser le feu, ne faut-il pas ramasser du bois aux quatre coins de la forêt? Le poète est une résultante.

LE POÈTE

Vos paroles me nient.

LE CHŒUR

A quelqu'un montre une couronne d'épines, un roseau, des clous, une éponge de fiel, une lance, un sycomore, il s'écriera : Jésus !

LE POÈTE

Silence !

LE CHŒUR

Le dieu qui créa le pontife est à son tour créé par le pontife.

LE POÈTE

Blasphémateurs !

LE CHŒUR

Ta superbe fortune est le capital que denier

à denier nous t'avons prêté : nous réclamons
les intérêts, simplement.

LE POÈTE

Alors, pour me reconquérir, je me tuerai.

LE CHŒUR

Nous survivrons de ton cadavre. Et lorsque,
ayant cherché ta forme au Banquet de la
Gloire, la bénigne postérité n'aura trouvé
qu'une carcasse sous la table — elle caressera
nos panses ridiculement.

L'ÉCHO DE LA CAVERNE

A Edouard Dubus.

Pénétrant dans l'énorme escargot de granit comme dans sa conscience, le Pèlerin jeta vers la spirale, sur un ton de panégyrique, ces paroles :

— « Mystère, tu sais bien que ce publicain n'a rien à craindre, l'eau de son âme étant vêtue de cygnes et ses rives enjolivées de flûtes futures ! »

Le miroir de verbe aussitôt rejeta, sur un ton de réquisitoire, ces paroles :

— « Mystère, je sais bien que ce pharisien a tout à craindre, l'eau de son âme étant vêtue

de chats pourris et ses rives hérissées de serpents qui sifflent. »

Et le Pèlerin sortit de l'énorme escargot de
granit comme de sa conscience.

LE CALVAIRE IMMÉMORIAL

A José-Maria de Heredia.

La brise bonne de la rêverie me poussait à l'aventure, emmi les toits de chaume, sur le solide fleuve des routes qu'enrivage l'espérance tendre où pâturent les moutons, ces quenouilles vivantes.

Un peu partout, sous les coqs de métal, en les donjons divins, tintaient à rhythme égal les gros sous d'existence versés par l'aile des moulins et la nageoire des charrues.

Solitaire, j'allais, m'effaçant une fois seule devant la naïve diligence vieille : guêpe au dard de fouet qui, de village en village, voltige

et cueille l'animé butin qu'amassera tantôt la
ruche de la Ville.

A certain coude du chemin, sans doute
rendez-vous de l'adieu des conscrits, je vis
un Calvaire soudain.

Le christ était à deviner, tant il était usé !

Cela s'arborait près d'un if séculaire aux
petits fruits pareils à des gouttes de sang.

Or j'eus beaucoup de peine, car Jésus semblait davantage pâtir en sa décrépitude. Il
n'était plus que quelque chose de pendu :
comme un chiffon de pierre oublié là jadis, et
plus jadis encore, par un gas d'avant l'Age
des lances et des clous.

Alentour somnolaient les grandes Fleurs de
Solitude.

Je dis :

— « Que je te plains, Crucifié, d'être si
dévasté !... Mais pourquoi telle misère

maigre ?... T'avait-on pas appendu bel et grandiose au Sycomore de granit où je te vois à peine avec les yeux de l'âme ? Réponds, ô père fraternel, la forme serait-ce des poussières superposées que lèverait en passant l'aile ménagère des Oiseaux du Temps ? Ou bien t'avait-on fait avec le sel des pleurs, et les larmes longues de la pluie t'auraient-elles fondu ? Parle, frère paternel !... Tu parlas bien, à l'époque de palme, à la Jolie de Samarie. »

Jésus me répondit...

Oh ! il ne parlait pas, n'ayant plus de lèvres, plus de langue, plus de bouche, oh ! il ne parlait pas... mais le chiffon de pierre prodiguait des abeilles, et chaque abeille était une voyelle avec deux ailes de consonnes.

Or, ce miel j'entendis :

— « Non, ce n'est pas la pluie, non ce n'est pas le temps ! bien que je sois là depuis des siècles, dressé par des femmes pies qui seraient très vieilles si elles vivaient encore, et qui sont, en Paradis, très jeunes d'être mortes. Non, ce n'est pas le temps, non ce n'est pas la pluie ! bien qu'il ait plu souventefois pour le plaisir des fleurs et pour la gloire des pommiers ! Non, ce n'est pas cela ! Mais, à ce carrefour, viennent, depuis des ans et des années, viennent tous les moroses d'ici-bas. Depuis des ans et des années, pèlerinent vers moi les mendiants de l'âme et de la chair fanées ; et tous, gravissant les marches du Calvaire, baisent fébrilement mon image salubre. »

— « En vérité, Jésus, la présence des baisers se voit à l'absence de la pierre qui s'en alla parmi les lèvres qui passèrent. »

— « Sache davantage. Chaque baiser définit la douleur qui le pose. Ainsi le Fol baise mon front, l'Aveugle mes yeux, le Muet ma bouche, le Sourd mes oreilles, le Bancal mes jambes, le Manchot mes mains et mes bras, et mon cœur a le baiser des Madeleines-les-Caresses. Ces souffrants réunis signifient la Souffrance Humaine tout entière, et leurs baisers éparpillés concourent au même but en labourant ma pierre bénévole. »

— « Ce but, quel est-il, Verbe fait essaim d'abeilles ? »

— « C'est mon Ame ! mon Ame Divine qui couve ingénument sous la forme terrestre. Elle est pour eux l'Espérance admirable, et s'ils savaient ne pas la récolter un jour sous la charrue de leurs baisers, ces pèlerins adoreraient l'ivraie blasphématrice et perdraient à jamais la foi du Paradis. »

— « O ton Ame Divine ! » clamai-je éperdu comme un amant divin.

Alors, gravissant les marches du Calvaire, j'étreignis le rédempteur sycomore et j'y baisai avec ardence le chiffon de pierre à la place présumée des yeux, des mains, des pieds, du cœur, du front, — car le poète est la Souffrance Humaine tout entière.

Si nombreux furent mes baisers que, l'image disparue de par la forme usée, jaillit l'Ame Divine enfin, l'Ame espérée depuis des ans puis des années par les mendiants de l'âme et de la chair fanées...

Mon cœur, soudain ravi par ce diamant premier de l'invisibilité, s'épanouit ainsi qu'un fanatique tournesol vis-à-vis du soleil.

Et je dus rester là, vierge, immuable, séculairement.

Seules m'avaient vu les grandes Fleurs de Solitude.

LES SABLIERS

A Georges Ancey.

Assis sur la plage solitaire du Toulinguet où viennent s'agenouiller les haquenées de l'Océan, je méditais, après la chute de l'empereur des Coupes de Thulé.

Devant, hérissée d'un dernier vol où se pêle-mêlaient guilloux, mouettes, gaudes, hirondelles de mer et perroquets japonais sans queue, l'Ile ; à ma droite, derrière le fort, la Pointe Saint-Mathieu avec ses ruines ecclésiastiques ; à ma gauche, devinées, des pierres et des pierres donnant un frison d'Eternité à poil, la Tribune, le Lord-Maire, le Dante, les

Tas de Pois, le Château de Dinan, le Cap de la Chèvre, la Pointe du Raz, l'Ile de Sein...

Je comparais douze cormorans alignés sur un écueil à une phrase de Poë traduite en alexandrin par Baudelaire ou Mallarmé, — lorsque des crissements singuliers venant de Camaret m'intriguèrent la nuque et me firent sursaillir.

Plusieurs théories d'êtres bizarres descendaient le versant : espèces de sauterelles aux membres de bois et corps de verre.

Plus proches, je reconnus des Sabliers.

De toutes dimensions :

Sept, menus comme les fœtus de cinq mois, marquant l'heure ;

Sept, mignons comme les nourrissons, marquant le jour ;

Sept, petits comme les communiants, marquant la semaine ;

Sept, grands comme les adolescents, marquant le mois ;

Sept, hauts comme les titans, marquant l'année ;

Sept, colossaux comme les clochers de cathédrale, marquant le lustre ;

Un, enfin, le dernier, incommensurable comme le génie, marquant le siècle.

— « Hélas ! glapirent les Sabliers. Disgraciés déjà par l'invasion des damoiselles de chêne au nombril d'or, irrévocablement perdus depuis les décrets impies, nous pourrissions dans les moustiers branlants de l'angélique Pays des Coiffes ; inutiles désormais loin des reclus qui nous vinrent ici remplir, nous revenons, accomplie notre destinée, à cette plage si sabuleuse depuis le départ des sandales, et notre guide fut la soif de reposer au lieu natal. »

Je compris que nul ne rendrait à ces oubliés le pieux service si le poète ne daignait.

Aussi, commençant par les moindres, je me mis en devoir de vider sur la grève les Sabliers l'un après l'autre.

A cet office nous restâmes des heures, des jours, des semaines, des mois, des années, des lustres...

J'avais entrepris le dernier Sablier, le séculaire, lorsque l'invisible faulx du Temps me détacha l'âme du corps.

Les pêcheurs de Kerbonn trouvèrent mon cadavre sur lequel flottait une longue barbe blanche.

Et j'avais l'âge que j'aurai, ô mes Héritiers, le jour de mon décès.

Camaret, à Pen-hat, août 1892.

LE SEXE DES AMES

A Mme *Jeanne Jacquemin.*

Ce soir-là. Diane, occasionnelle lectrice (lire est un supplice au-dessus de mes nerfs, usage qu'au surplus je trouve indélicat sinon coupable; le poète y gâterait sa treille, les idées voisines entrées par les yeux s'imposant aux veines. Son stage fini et reconnue son originalité, le poète doit ne plus lire qu'en lui-même, s'il veut rester soi. Laissons aux déshérités le privilège de la lecture, abandonnons-en le sacrilège aux lugubres forbans de l'assimilation ; cette aumône soutient ceux-là, mais ceux-ci quand ils lisent dirait-on pas qu'ils forcent un crâne — ce coffre-fort par excellence?), donc ma maîtresse, utilisant la patience de mes oreilles (ces yeux crevés!), avait de sa voix ardente illuminé l'une après l'autre les bizarres verrières que sont les annales de celui, fils d'un laboureur de Dardanie, qui de son escabeau fit un thrône.

Plus que la chronique de la splendide Théodora, mime aux bras divins et goule aux cuisses diaboliques dont l'action sur Justinien fut absolue, nous avait divertis la controverse de leurs mystagogues sur le sexe des anges.

On en vint à discourir sur le sexe des âmes.

Des questions se posent :

— « L'âme de la femme est-elle du sexe féminin? l'âme de l'homme est-elle du sexe masculin? »

— « Le sexe de l'âme de l'homme et celui de l'âme de la femme sont-ils masculins ou bien féminins? »

— « Ces âmes seraient-elles hermaphro-
dites, à moins que d'aucun sexe ? »

Finalement je propose :

— « Si nous en appelions à nos âmes ? »

— « Soit ! » accède Diane.

Incontinent, la lampe éteinte, l'un et l'autre
de nous « enchanter » au moyen de caresses
sonores, ces notes de musique des intimes
évocations, tout en nous embusquant soi-
gneusement derrière un simulacre de sommeil, les cils mariés avec entre eux une
arrière-pensée de divorce.

La lune montait allaiter les étoiles.

Ici-bas c'était l'heure où les fantômes sortent
des cavernes relatives pour aller boire...

Le fantôme — indigène de l'Universelle
Cécité — ne daignant émaner que lorsque s'est
dissipée toute crainte d'être vu, nos yeux
s'efforçaient de s'annihiler de plus en plus
sous la paupière à la manière des louis dans
un gousset d'avare, sans toutefois cesser de
nous guetter mutuellement.

Un jet de lait firmamental descendit
ébaucher au milieu de nous comme une fine
main de sage-femme...

Cela devenait étrange.

Enfin, le charme opérant, voici qu'une
forme, plus ténue qu'un convive de miroir,
émane de chacun :

D'elle, un *faune*.

De moi, une *nymphe*.

Oh nos deux âmes, là, dans la marge de
féerie !...

Ainsi donc l'âme de ma maîtresse était du
sexe masculin et mon âme du sexe féminin !

(Que d'anciennes choses alors comprises,
dans un éclair !)

Les deux Apparitions échangèrent un sourire ainsi qu'on échange un salut bref de la
main, tant leur sourire fleurait l'indifférence
polie, la convenue singerie des masques. Loin
de se baiser sur la bouche et de s'allier, elles

paraissent chercher ailleurs, rêves d'adultère réalisés : hypocrisie nue, comme si notre désir foncier se concrétisait, comme si notre intimité s'extériorisait en elles.

Divulgation du secret de notre côte à côte insincère...

Ecartèlement de deux écailles entre lesquelles une perle, — la perle *d'autre chose*...

En un mot c'était la Vérité sur la margelle...

L'Aveu !

★

Trois mois après, Diane et moi dûmes nous séparer.

Bien que cette séparation parât d'intelligence, tardive certes, nos deux folies (ô les jours de tempête son œil qui s'ouvrait comme un eustache !) je ne pus maîtriser l'authenticité de mes larmes...

Or, comme mon adieu se penchait afin de baiser la cage de son cœur (Diane, t'en souvient-il ?), j'entendis rire dans elle le *faune*.

Avez-vous observé qu'une innombrabilité de Maîtresses danse autour d'une innombrabilité d'Amants effondrés parmi les chimères du tapis, la cervelle éparpillée, les doigts encore crispés sur un aboiement d'acier?

Eh si c'était une loi générale : dans l'homme une âme féminine et dans la femme une âme masculine?

Il se pourrait que le Créateur, déjà très vieux à l'aube du monde, ait été distrait au subtil instant de verser telle et telle âme dans les deux vases d'argile du Paradis Terrestre ; à moins que Sa Justice n'ait jugé prudent d'équilibrer la gent humaine et de rendre égaux, en une certaine mesure, la femelle et le mâle.

Mais mieux vaut croire que, profitant du

premier sommeil du Démiurge, tu te sois
fallacieusement mêlé de ce qui ne te regardait
point, Satan !

CHAUVES-SOURIS

Mienne, évitons les éteignoirs manipulés
par des bras maigres jusqu'à l'invisibilité.

Regarde-les s'évertuer contre les choses de
clarté.

Mienne, évitons les éteignoirs manipulés
par des bras maigres jusqu'à l'invisibilité.

Les voici sur les yeux des jardins, les voilà
sur les fleurs des visages.

Mienne, évitons les éteignoirs manipulés
par des bras maigres jusqu'à l'invisibilité.

Si ces bras n'étaient courts, il en serait
fait déjà de ce premier essaim d'étoiles.

Mienne, évitons les éteignoirs manipulés
par des bras maigres jusqu'à l'invisibilité.

Notre amour étant de la lumière aussi,
rentrons vite jouer, paupières closes, à la
mort rose, dans le lin du rêve,

O Mienne, afin de dépister les éteignoirs
manipulés par des bras maigres jusqu'à
l'invisibilité.

Mais, d'abord, faisant œuvre de vie c'est-
à-dire divine, commençons la fille ou le
garçon dont le lointain sourire se devine entre
nos caresses que le destin rend une, — et
préparons ainsi notre immortalité commune !

TABLE DES MATIÈRES

TOURS

IMPRIMERIE DESLIS FRÈRES
Rue Gambetta, 6

MERCVRE DE FRANCE

XV, RVE DE L'ÉCHAVDÉ. — PARIS

paraît tous les mois en livraisons de 300 pages, et forme dans l'année
4 volumes in-8, avec tables.

Rédacteur en chef : ALFRED VALLETTE.

Littérature, Poésie, Théâtre, Musique, Peinture, Sculpture, Philosophie,
Histoire, Sociologie, Sciences, Voyages, Bibliophilie, Sciences occulte
Critique, Littératures étrangères, Portraits, Dessins et Vignettes originaux

REVUE DU MOIS

Epilogues (actualité) : Remy de Gourmont.
Les Poèmes : Pierre Quillard.
Les Romans : Rachilde.
Théâtre (publié) : Louis Dumur.
Littérature : H. de Régnier. R. de Gourmont.
Histoire : Marcel Collière.
Philosophie : Louis Weber.
Psychologie : Gaston Danville.
Science sociale : Henri Mazel.
Questions morales et religieuses : Victor Charbonnel.
Sciences : Dr Albert Prieur.
Archéologie, Voyages : Charles Merki.
Questions coloniales : Carl Siger.
Romania, Folklore : J. Drexelius.
Bibliophilie, Histoire de l'Art : R. de Bury.
Esotérisme et Spiritisme : Jacques Brieu.
Chronique universitaire : L. Bélugou.
Les Revues : Charles-Henry Hirsch.
Les Journaux : R. de Bury.
Les Théâtres : A.-Ferdinand Herold.
Musique : Pierre de Bréville.

Art moderne : Emile Verhaeren.
Art ancien : Virgile Josz.
Publications d'art : Y. Rambosson.
Le Meuble et la Maison : Les XIII.
Chronique du Midi : Jean Carrère.
Chronique de Bruxelles : G. Eekhoud.
Lettres allemandes : Henri Albert.
Lettres anglaises : Henry.-D. Davray.
Lettres italiennes : Luciano Zuccoli.
Lettres espagnoles : Ephrem Vincent.
Lettres portugaises : Philéas Lebesgue.
Lettres hispano-américaines : Eugen Diaz Romero.
Lettres brésiliennes : Figueiredo P mentel.
Lettres russes : Adrien Souberbielle.
Lettres polonaises : Jan Lorentowicz.
Lettres néerlandaises : A. Cohen.
Lettres scandinaves : Peer Eketræ.
Lettres hongroises : Zrinyi Janos.
Lettres tchèques : Jean Ótokar.
Variétés : X...
Publications récentes : Mercure.
Echos : Mercure.

ABONNEMENT

France		Étranger	
UN AN	20 fr.	UN AN	24 f
SIX MOIS	11 »	SIX MOIS	13
TROIS MOIS	6 »	TROIS MOIS	7

ABONNEMENT DE TROIS ANS
avec prime équivalant au remboursement de l'abonnement

France : 50 fr. | Étranger : 60 fr.

La prime consiste : 1° en une réduction du prix de l'abonnement ; 2° en la faculté d'ache
chaque année 20 volumes de nos éditions à 3 fr. 50, *parus ou à paraître*, aux prix abs
lument nets suivants (emballage et port *à notre charge*) :

France : 2 fr. 25 | Étranger : 2 fr. 50

Tours. — Imprimerie DESLIS FRÈRES, 6, rue Gambetta.